*O prazer de cozinhar
só para você*

JUDITH JONES

O prazer de cozinhar só para você

Tradução
Cinara Cristina Mendonça Ferreira

1ª edição
Rio de Janeiro-RJ / Campinas-SP, 2013

Editora: Raïssa Castro
Coordenadora editorial: Ana Paula Gomes
Copidesque: Anna Carolina G. de Souza
Revisão: Rodrigo Nascimento
Capa e projeto gráfico: André S. Tavares da Silva

Título original: *The Pleasures of Cooking for One*

ISBN: 978-85-7686-262-8

Copyright © Judith Jones, 2009
Todos os direitos reservados.
Edição publicada mediante acordo com Alfred A. Knopf, selo da Knopf Doubleday Group,
divisão da Random House, Inc.

Tradução © Verus Editora, 2013
Direitos reservados em língua portuguesa, no Brasil, por Verus Editora. Nenhuma parte desta obra pode ser
reproduzida ou transmitida por qualquer forma e/ou quaisquer meios (eletrônico ou mecânico, incluindo fotocópia e
gravação) ou arquivada em qualquer sistema ou banco de dados sem permissão escrita da editora.

Verus Editora Ltda.
Rua Benedicto Aristides Ribeiro, 55, Jd. Santa Genebra II, Campinas/SP, 13084-753
Fone/Fax: (19) 3249-0001 | www.veruseditora.com.br

CIP-BRASIL. CATALOGAÇÃO NA FONTE
SINDICATO NACIONAL DOS EDITORES DE LIVROS, RJ

J67p

Jones, Judith, 1924-
   O prazer de cozinhar só para você / Judith Jones ; tradução Cinara
Cristina Mendonça Ferreira. - 1. ed. - Campinas, SP : Verus, 2013.
   23 cm.

Tradução de: The Pleasures of Cooking for One
Inclui índice
ISBN 978-85-7686-262-8

1. Gastronomia. 2. Culinária - Receitas I. Título.

13-02484   CDD: 641.5
                                                                     CDU: 641.5

Revisado conforme o novo acordo ortográfico

Para os meus bisnetos,
Jonah, Odessa, Cooper e Shepard.
Que eles sejam abençoados com a musa
e desfrutem dos prazeres de cozinhar

Agradecimentos

Primeiramente, gostaria de agradecer a todos os cozinheiros talentosos com os quais tive o privilégio de trabalhar no decorrer dos anos. Eles me mostraram mundos novos e me deram as ferramentas para eu me ver como cozinheira, experimentar e, acima de tudo, desfrutar.

Quanto à editora Knopf, onde trabalho há mais de 52 anos, sinto que devo tanto a meus colegas e mentores que é impossível expressar minha gratidão a todos. Então, vou me limitar a agradecer aqui a Sonny Mehta, que acreditou no projeto, e àqueles que estavam diretamente ligados à realização deste livro: meu editor, Jonathan Segal, que me incentivou, fez perguntas diretas, me manteve focada e compartilhou meu amor pela boa comida caseira (particularmente a francesa); ao assistente de Jon, Joey McGarvey, outro entusiasta da culinária; Ken Schneider, meu assistente há muitos anos, que sempre esteve ao meu lado; Carol Carson, que criou a bela capa da versão americana, e Kristen Bearse, que desenvolveu um belo *design* para o livro tendo como base a estampa do pano de prato da capa da edição original; Maria Massey, que conduziu a obra durante a produção; e Terry Zaroff-Evans, que a revisou com a sua costumeira sensibilidade. E o que eu faria sem Kathy Hourigan, que não apenas manteve as coisas funcionando, mas cujo entusiasmo muito me incentivou.

Por fim, um agradecimento especial à minha enteada, Bronwyn Dunne, que fez uma foto para a edição americana e a meu filho, Chris Vandercook, que com sua câmera captou alguns momentos em Vermont.

Sumário

Introdução 19

1. Cozinhando durante a semana

UTENSÍLIOS ESSENCIAIS PARA COZINHAR PARA UMA PESSOA.......... 26

EXTRAS CONVENIENTES 27

UTENSÍLIOS INDISPENSÁVEIS 27

É BOM TER NA DESPENSA 28

O QUE TER NO FREEZER 28

O QUE TER NA GELADEIRA 29

ITENS BÁSICOS NAS CESTAS DE FRUTAS E LEGUMES 29

UMA CONSIDERAÇÃO SOBRE O TAMANHO DA PORÇÃO 30

A linguagem da culinária 31

AVES 32

   Frango assado 32

      Variação: Galeto assado 34

      Variação: Frango assado inteiro 34

      Segunda e terceira rodadas — e mais 34

   Frango divã 34

      Segunda rodada: Picadinho de frango na torrada 35

      Variações 36

   Peito de frango (ou sobrecoxas) refogado 37

      Variações 38

      Segunda rodada 38

As nove vidas do peru 39

CARNES 41

Fraldinha 41

Segunda rodada: Carne com molho gribiche 42

Ervas e especiarias 43

Terceira rodada: Gratinado de carne bovina,
cogumelos e farelo de pão 44

Uma boa carne bovina criada perto de casa 45

Boeuf bourguignon 46

Segunda rodada 47

Terceira rodada 47

Rins de vitela em molho mostarda 47

Segunda rodada: Torta de carne e rim 49

Ragu de ossobuco e rabo de boi 50

Segunda rodada: Rabo de boi com canjica ou polenta 51

Terceira rodada: Penne com molho de carne 51

Fígado de vitela com molho de chalota e vinho 52

Segunda rodada 53

LOMBO DE PORCO 53

Scaloppine de carne de porco com limão-siciliano 53

Scaloppine de carne de porco gratinado
com fatias de berinjela ou abobrinha 54

Pequeno lombo de porco assado 56

Segunda rodada: Picadinho vermelho de carne de porco 57

Refogado de carne de porco com legumes 58

Variações 59

Bisteca de cordeiro assada com batatas 59

Variação 60

Segunda rodada: Cordeiro com lentilhas 60

SOBRE O ALHO 61

Fatias de paleta de cordeiro assadas 62

Segunda rodada 63

Perna de cordeiro ao estilo marroquino com batata e ervilha 63

Variações 65

Segunda rodada: Cuscuz com cordeiro,
   cebolas e uvas-passas 65

Ensopado de cordeiro simplificado 66

Variação 67

Blanquette de veau com alho-poró 67

Segunda rodada 69

Língua de vitela fresca 69

Segunda rodada 70

Terceira rodada 70

Pequeno bolo de carne com um toque francês 71

Segunda rodada 72

Uma fatia de presunto assado 72

Segunda rodada 73

PEIXES E FRUTOS DO MAR 74

Vermelho de cativeiro com funcho,
   cebolinha e pimentão verme ho 74

Segunda rodada 75

Robalo assado com batatas e abobrinha 75

Sugestões para a segunda rodada 76

Filé de peixe no papelote 76

Segunda rodada 78

Bolinhos de peixe 78

Variações 79

Camarão refogado 79

Variação 80

Segunda rodada 80

Salmão selado 81

Segunda rodada 81

Anchova ou cavala assada em cama de corações
   de alcachofra e batatas 82

Segunda rodada 83

Branzino assado (Loup de mer) 83
    Segunda rodada 84
MEXILHÕES 84
    Mexilhões cozidos no vapor 85
      Segunda rodada: Ao estilo chinês 86
      Terceira rodada: Na concha com tempero 86
      Terceira rodada: À l'escargot 87

2. *Sopas para todas as estações*

Caldo de galinha 92
Caldo de carne 92
GUARDANDO CALDO EM FORMAS DE GELO 93
Substitutos para caldos caseiros 94
    Sopa básica de legumes 95
      Variações 95
    Sopa de alho-poró e batata 96
      Variação: Sopa de azedinha 97
    Sopa de cogumelos 97
    Sopa de abóbora 98
    Sopa avgolemono 99
    Sopa de lagosta 100
    Bouillabaisse da Nova Inglaterra 101
    Sopa de feijão para o inverno 102
      Variações 103
SOPAS FRIAS DE VERÃO 103
    Sopa fria de pepino e iogurte 103
      Variação 104
    Sopa fria de melancia 104
    Sopa de blueberry 105

3. *A magia dos ovos — e a sedução dos queijos*

Ovos assados 110

Outras possibilidades: Ovos no micro-ondas 111

Ovo assado com fígado de galinha 111

Outras possibilidades 112

Omeletes 112

Ideias para recheios de omelete 114

Frittatas 115

Outras ideias 116

Ovo(s) cozido(s) no vapor em cama de verduras 116

Variações 117

Ovos cozidos 117

Variação: Ovos recheados 118

Variação: Salada de ovos 118

Ovos Benedict 118

Variação 119

Molho holandês para uma pessoa 119

Maionese 121

Variações 121

MEIO OVO? 122

Strata: um pudim salgado 122

Variações 123

Suflê de queijo 124

Variações 125

Tudo sobre queijos 126

Coelho galês 128

4. *Improvisando com hortaliças, saladas e molhos*

Alcachofra toute seule 134

Segunda rodada 134

Berinjela recheada 135

Variação 136

Portobello recheado 136

Batata assada recheada 137

Chanterelles de presente 138

  Panquecas de abobrinha.. 139

  Panquecas de milho e salmão 140

  Moussaka 141

  Ratatouille 142

    Variações 143

    Segunda rodada 143

  Purê de nabos (ou raiz de aipo) e batatas........................... 143

  Prato com batatas para Julia 144

Duxelles: uma forma de conservar cogumelos 146

  Endívia assada com presunto e queijo.............................. 147

  Aspargos assados com vinagrete de gergelim 147

    Segunda rodada: BAA (sanduíche de bacon,
    alface e aspargos) 148

RAIZ DE AIPO 149

  Raiz de aipo assada 149

  Rémoulade de raiz de aipo 149

Outros legumes bons para assar 151

  Legumes refogados 154

    Variações 154

  Salada de frango 155

    Variações 155

  Salada de frango com toque asiático.................................. 156

    Variações 157

    Segunda rodada 157

CONSERVANDO ABACATE 157

  Vinagrete 158

    Variações e adições 158

  Molho de queijo azul 159

Salada de folhas: como mantê-las frescas 160

  Salada de beterraba assada, rúcula
  e endívia com molho de queijo azul.................................. 161

Salada de funcho, maçã e nozes 161

Tabule 162

Salada quente de batata com linguiça 163

    Segunda rodada 164

Salada de peixe 164

    Variação 165

Pesto 165

    Variações 166

Molho verde de inverno 166

Molho gribiche 167

Molho de hortelã fresca de Ed Giobbi 168

Molho de tomate 168

Raita de pepino 169

Molho branco 170

    Segunda rodada 170

5. *Arroz, massas, grãos e leguminosas*

ARROZ 174

Arroz de grão longo 174

Arroz basmati... 175

Arroz integral 175

Risoto... 175

Risoto de cogumelos 175

Risoto rápido com vitela, castanhas e cogumelos 176

    Variações 177

PRATOS COM ARROZ COZIDO.. 178

Arroz frito americano 178

Tian provençal de arroz e verduras 178

    Variações 179

Kedgeree britânico.. 180

Sobras de arroz indiano com cogumelos 181

Salada de arroz para sushi com legumes 181

Variação 182

Arroz selvagem 183

Arroz selvagem pilaf 183

Variação 184

Salada de arroz selvagem 184

Variações 185

Panqueca de arroz selvagem 185

MASSAS 186

Penne com atum, tomates italianos e azeitonas pretas 186

Parafuso com cogumelos, fígado e tomates-cereja 187

Variação 188

Penne com folhas de nabo e alho 188

Linguine com molho de salmão defumado 189

Espaguetinho com vôngole e mexilhões 190

Variação: Molhos para massa feitos com sobras
e tesouros do freezer 191

GRÃOS 191

Cevada 191

Ensopado de cordeiro, cogumelos e cevada 191

Cuscuz 192

Farro 193

Farro com legumes assados 194

Variações 194

Segunda rodada 195

Polenta 195

Polenta assada com legumes 195

Variações 196

Segunda rodada: Polenta assada ou frita 196

Jantar rápido com polenta 197

Mingau de canjica 198

Segunda rodada: Bolinho de mingau de canjica 199

Quinoa 199

Quinoa com limão-siciliano 199

TRIGO PARA QUIBE 200

Trigo para quibe com sobras de cordeiro 200

LEGUMINOSAS 201

Feijão-branco com confit de coxa de pato 202

Segunda rodada 203

Feijão e asas de peru 203

Variações 204

Lentilhas 204

Variação: Com um toque indiano 205

Variação: Cordeiro com lentilhas 205

Variação: Salada de lentilhas com alho assado 205

6. *Lanches, doces e extravagâncias* 207

LANCHES E DOCES 210

Pães franceses e pizzas 210

Para fazer pizzas 212

Pão de sementes 213

Opções 214

Popovers 214

Colocando o pão amanhecido para trabalhar 216

Muffins de frutas silvestres 217

Maneiras de aproveitar o leite 218

Biscoitos da caixa de gelo 220

Variações 221

Biscotti 221

Variações 222

Biscoitos de pasta de amendoim 222

AÇÚCAR BAUNILHADO 224

DICAS PRÁTICAS PARA FACILITAR A LIMPEZA 224

Biscoitos de aveia, passas e nozes da Schrafft 225

Massa para torta 226

Quiche para uma pessoa 227

    Variações 228

Torta de maçã individual 228

    Variações 229

Crepes 229

Crocante de pera 230

    Variações 231

Maçã assada 231

Pudim de pão de maçã e xarope de bordo 232

Pudim de verão 233

Sorvete caseiro 234

Panna cotta com xarope de bordo 235

Alimentando visitas inesperadas 236

Geleia de groselha 238

Limão-siciliano em conserva 239

Pimentão assado 239

EXTRAVAGÂNCIAS 241

Siris de casca mole 241

Experiências com um peixe japonês 242

Vieiras refogadas 243

    Variação 244

Arenque com molho de azedinha 244

Ouriços do mar 246

Ossobuco com gremolata 247

Pequeno cassoulet 248

Miúdos assados no marsala com cogumelos do mel 250

    Variações 251

Lagosta cozida no vapor 252

    Segunda rodada 253

Introdução

Depois que meu marido, Evan, faleceu, em 1996, eu não sabia se algum dia sentiria vontade de preparar uma refeição só para mim e degustá-la sozinha. Mas, como descrevi em *The Tenth Muse: My Life in Food*, eu estava errada, e logo percebi que o prazer que compartilhávamos merecia ser celebrado. No fim do dia, eu me pegava ansiosa por cozinhar, preparando receitas para uma pessoa e depois saboreando uma boa refeição.

Vários leitores se manifestaram sobre a seção do meu livro sobre cozinhar só e suas receitas. Uma mulher me disse que não cozinhava havia anos, desde que o marido faleceu, mas que a minha experiência a incentivou a voltar para a cozinha e ela queria mais ideias. Fiquei particularmente feliz porque jovens que moram sozinhos me abordaram pela primeira vez, me perguntando como começar e quais conceitos e utensílios básicos teriam de ter. Eles queriam preparar refeições relativamente baratas, saudáveis e, obviamente, saborosas, mas a maioria dos livros de receitas era muito desencorajador e não se dirigia a cozinheiros solitários com orçamento reduzido. Também conversei com muitas pessoas que vivem sozinhas e são muito ocupadas com seu trabalho, mas que apreciam a boa comida e aos poucos começaram a sentir que estavam se privando de algo.

Cinquenta e um por cento da população da região metropolitana de Nova York moram sozinhos. Ainda assim, ninguém parece atender à necessidade dessas pessoas. Os supermercados fazem o que podem para nos fazer comprar mais do que precisamos, e a indústria de alimentos há mais de um século tem vendido a ideia de que cozinhar é degradante para a mulher e uma perda de tempo quando se pode comprar produtos prontos. Então eu me senti forçada a escrever este livro para compartilhar com você as estratégias que criei para vencer o sistema. Não é um livro de receitas para quem Julia Child costumava chamar de "superficiais" — ou seja, pessoas que não estão realmente interessadas em cozinhar e querem receitas e atalhos rápidos e fáceis que comprometem o sabor. Este livro é para quem quer arregaçar as mangas e desfrutar, dia após dia, de uma das grandes satisfações da vida.

No entanto, ouço o protesto dos opositores. Sim, eu gosto de cozinhar, dizem eles, mas gosto de cozinhar para os *outros*, para dar prazer aos meus amigos. Por que ter todo esse trabalho apenas para mim? Minha resposta é: Se você aprecia a boa comida, por que não estimar a si mesmo preparando uma refeição agradável e saboreando cada bocado? É claro que queremos compartilhar com os outros também, mas nem sempre temos familiares e amigos por perto. E eu não me vejo recepcionando meus vizinhos todas as noites.

Outros são contra os gastos e o desperdício. É preciso sair para fazer compras, reclamam eles, e comprar todos aqueles ingredientes caros usados pelos chefs e que não conseguimos usar tudo antes que estraguem. Sobras não apetecem: quem quer comer cordeiro frio a semana toda? Na verdade, é tudo uma questão de estratégia. Além disso, você manda no que está cozinhando, escolhe seus próprios ingredientes, decidindo quanta gordura, sal ou açúcar deseja consumir e se quer pagar mais para comer carnes especiais ou frango orgânico.

Cozinhar para si mesmo é particularmente criativo porque você se inspira no que tem na geladeira, no congelador, na horta ou no mercado mais próximo. Não precisa seguir uma receita à risca; pode substituir como quiser — planejando, por exemplo, como fazer três pratos diferentes com lombo de porco —, aproveitando as sobras, tendo itens básicos no congelador, e assim por diante. Se seguir as táticas que recomendo, ficará surpreso com a economia que vai fazer.

Outra vantagem de cozinhar para si é não precisar agradar a mais ninguém. Então, você pode seguir seus impulsos. Pode decidir preparar exatamente o que *você* deseja — talvez um jantar leve e simples, ou uma salada, se tiver consumido um almoço mais farto no dia. Não é preciso ser perfeccionista, tentando arrancar aplausos dos convidados. Se o molho talhar, você vai comê-lo de qualquer maneira. E vai aprender com os seus erros.

Suspeito que muitas pessoas comam demais porque a comida está no prato. Eles têm de comer tudo. Mas, se você separar deliberadamente vários pedaços de carne do ensopado que preparou para usar em outro prato, vai se sentir bem por não devorar tudo de uma vez e vai ficar ansioso pela nova versão.

Temos então o que chamo de "delícias do cozinheiro". Por exemplo, aquele pacote de miúdos que vem junto com o frango assado: o fígado pode ser usado para fazer um delicioso ovo assado para o café da manhã ou para o almoço; os miúdos e o pescoço serão ingredientes de uma sopa. Sempre há o bônus do caldo da carne que sobra na frigideira, o suficiente para umedecer e incrementar o sabor do refogado que você vai preparar no fim de semana. Sem falar que ocasionalmente você pode desfrutar de uma cara lagosta, ou de siris, ou ainda de uma porção de *confit* de ganso ou pato (as sobras podem ir para um *minicassoulet*).

Por fim, existe algo em chegar em casa no fim do dia, ou passar uma tarde de domingo cozinhando — amassando alho, picando cebola, sentindo todos esses aromas deliciosos, misturando, provando e ajustando os temperos — que nos faz sentir criativos. É um tipo de relaxamento reconfortante, algo de que precisamos em nossa vida corrida. Eu também adoro o momento do drama, quando tudo fica pronto e eu rapidamente sirvo a minha criação de uma forma agradável num prato aquecido, e o levo para a mesa, disposta para uma pessoa, com um guardanapo de tecido numa argola da família. Abro um vinho e acendo velas, ponho uma música e agradeço.

Eu não perderia esse prazer por nada. E espero que as estratégias e receitas flexíveis que ofereço aqui incentivem você a participar da diversão.

1
Cozinhando durante a semana

UTENSÍLIOS ESSENCIAIS PARA COZINHAR PARA UMA PESSOA

EXTRAS CONVENIENTES

UTENSÍLIOS INDISPENSÁVEIS

É BOM TER NA DESPENSA

O QUE TER NO FREEZER

O QUE TER NA GELADEIRA

ITENS BÁSICOS NAS CESTAS DE FRUTAS E LEGUMES

UMA CONSIDERAÇÃO SOBRE O TAMANHO DAS PORÇÕES

A LINGUAGEM DA CULINÁRIA

Frango assado

   Variação: Galeto assado

   Variação: Frango assado inteiro

Frango divã

   Segunda rodada: Picadinho de frango na torrada

Peito de frango (ou sobrecoxas) refogado

AS NOVE VIDAS DO PERU

Fraldinha

   Segunda rodada: Carne com molho gribiche

ERVAS E ESPECIARIAS

   Terceira rodada: Gratinado de carne bovina, cogumelos e farelo de pão

UMA BOA CARNE BOVINA CRIADA PERTO DE CASA

Boeuf bourguignon

Rins de vitela em molho mostarda

   Segunda rodada: Torta de carne e rim

Ragu de ossobuco e rabo de boi

   Segunda rodada: Rabo de boi com canjica ou polenta

Terceira rodada: Penne com molho de carne

Fígado de vitela com molho de chalota e vinho

Scaloppine de carne de porco com limão-siciliano

Scaloppine de carne de porco gratinado com fatias de berinjela ou
abobrinha

Pequeno lombo de porco assado

Segunda rodada: Picadinho vermelho de carne de porco

Refogado de carne de porco com legumes

Bisteca de cordeiro assada com batatas

Segunda rodada: Cordeiro com lentilhas

SOBRE O ALHO

Fatias de paleta de cordeiro assadas

Perna de cordeiro ao estilo marroquino com batata e ervilha

Segunda rodada: Cuscuz com cordeiro, cebolas e uvas-passas

Ensopado de cordeiro simplificado

Blanquette de veau com alho-poró

Língua de vitela fresca

Pequeno bolo de carne com um toque francês

Uma fatia de presunto assado

Vermelho de cativeiro com funcho, cebolinha e pimentão vermelho

Robalo assado com batatas e abobrinha

Filé de peixe no papelote

Bolinhos de peixe

Camarão refogado

Salmão selado

Anchova ou cavala assada em cama de corações de alcachofra e batatas

Branzino assado (Loup de mer)

Mexilhões cozidos no vapor

Segunda rodada: Ao estilo chinês

Terceira rodada: Na concha com tempero

À l'escargot

O segredo de cozinhar para uma pessoa de forma divertida e criativa é não encarar uma refeição como algo único e isolado, mas compreender que cozinhar em casa é um processo constante, com um prato levando a outro. Quando faço uma compra grande no fim de semana, como a maioria das pessoas, visualizo a semana que está por vir. O que desejo comer? Quantas refeições vou preparar em casa? Se eu comprar um lombo de porco inteiro, sei que vou usá-lo pelo menos de três maneiras diferentes: numa noite, algumas fatias refogadas num molho à base de limão-siciliano; em outra, um assado simples e rápido previamente marinado em alho e gengibre (quaisquer sobras podem ser servidas desfiadas ou com arroz); por fim, cortarei a extremidade mais fina em tiras para preparar um refogado ao estilo asiático com muitos legumes.

E quanto aos peixes? Muitos cozinheiros acham que eles não podem ser reaproveitados e perdem o sabor se tentar reutilizá-los. Mas descobri que, se eu comprar um peixe inteiro ou um filé muito grande para mim, ao usar as sobras no dia seguinte para preparar um bolinho crocante ou numa salada de peixe, ou ainda misturadas a outros frutos do mar numa sopa, massa ou risoto, ele recupera o sabor.

Nenhum desses pratos têm o mesmo gosto, então nunca me canso das sobras. Para mim, são como tesouros na geladeira, que me inspiram a fazer algo criativo enquanto brinco com temperos de diferentes culinárias. Também tento criar uma refeição na qual os legumes e às vezes o amido estão incorporados ao prato principal. Dessa forma, posso saborear um prato único que satisfaz.

Então, neste capítulo, que considero o coração deste livro, estão meus pratos principais compostos por frango, carnes e peixes que possuem várias vidas. No entanto, nada precisa ser seguido à risca. Se por acaso você não tiver um ingrediente sugerido por mim, tente usar um substituto parecido — uma chalota no lugar de uma cebola pequena, um pouco de funcho em vez de salsão, uma raiz diferente para substituir a cenoura, cogumelos secos em vez de frescos. Acima de tudo, não descarte aquelas poucas colheres de espinafre cozido, ou os 3 ou 4 talos de aspargos que você não conseguiu comer e, principalmente, aquele precioso caldo que sobrou na panela — todos eles podem ser usados de várias maneiras e oferecer desafios criativos ao cozinheiro solitário.

UTENSÍLIOS ESSENCIAIS PARA COZINHAR PARA UMA PESSOA

Ao preparar pratos para uma pessoa, é crucial ter utensílios do tamanho certo. Você não pode reduzir uma receita sem reduzir as dimensões do equipamento no qual ela será preparada. Então, eis aqui os utensílios que costumo usar e que você deveria ter à mão.

- 1 panela pesada pequena com tampa, com capacidade para 4 xícaras (eu gosto da marca Le Creuset), para dourar e depois cozinhar. É a panela que mais uso.
- 1 panela grande com capacidade para 4 litros, para cozinhar massas, fazer caldos e branquear legumes
- 1 frigideira de ferro fundido com fundo de 15 cm de diâmetro, útil para selar carne
- 1 frigideira antiaderente maior, com fundo de 20 cm de diâmetro, para quantidades maiores e refogados
- 1 frigideira para omeletes com fundo de 15 a 16 cm de diâmetro
- 1 caçarola pequena com tampa, com capacidade entre 1 e 1 ½ xícara e que possa ser levada ao fogo e ao forno
- 1 forma rasa para gratinar, com 13 cm de diâmetro e 3,5 cm de profundidade
- 1 cesto para cozimento a vapor
- 1 peneira média

EXTRAS CONVENIENTES

- 1 processador de alimentos
- 1 mixer
- Alguns tapetes de silicone
- 1 panela wok pequena com tampa
- 1 forma para torta pequena, com fundo removível
- 1 forma de suflê pequena

- Tesoura para desossar frango
- 1 escumadeira chinesa grande para pegar massas ou legumes
- 1 ralador para noz-moscada
- 1 mandolin simples
- 1 moedor de especiarias
- 1 liquidificador
- 1 sorveteira pequena

UTENSÍLIOS INDISPENSÁVEIS

- 1 batedor de claras pequeno
- 1 espátula
- 1 pegador em forma de pinça
- 1 ou 2 colheres de pau
- 1 bom moedor de pimenta
- 1 ralador

- 1 ralador de queijo (eu prefiro microplane)
- Facas excelentes: no mínimo 1 para descascar, 1 de chef e 1 de pão
- 1 pedra de amolar

É BOM TER NA DESPENSA

- Farinhas: branca, integral e instantânea
- Fermento em pó
- Bicarbonato de sódio
- Amido de milho
- Panko (farelo de pão japonês)
- Açúcares: comum, de confeiteiro e mascavo
- Sais: de cozinha e kosher
- Arroz: grão longo, grão curto e selvagem
- Pimenta em grãos
- Feijão seco e em lata (veja pp. 202-06 para sugestões)
- Polenta
- Massas de vários formatos
- Óleos: azeite de oliva extravirgem ou outro óleo vegetal
- Óleo de gergelim
- Caldo de galinha em lata
- Caldo de carne em lata
- Vinagres: de vinho tinto e branco, balsâmico e de arroz
- Tomates pelados em lata
- Purê de tomate (refrigerar depois de abrir)
- Ervas secas e especiarias variadas (as que eu mais uso são: louro, curry, ervas de Provence, pimenta em grãos, pimenta calabresa, páprica, alecrim, tomilho, canela, coentro, cominho e noz-moscada)
- Atum enlatado
- Salmão enlatado
- Molho de soja

O QUE TER NO FREEZER

- Caldo de galinha
- Caldo de carne
- Glace de viande (opcional; veja quadro na p. 94)
- Farinha de rosca
- Caldo de vitela, cordeiro e pato, se disponível
- Molho de tomate
- Molho branco
- Pesto
- Frutas oleaginosas
- Linguiças
- Sobras de carne e frango, cruas e cozidas
- Bacon
- Legumes, frutas e frutas silvestres frescas
- Sorvete
- Massa para pão
- Massa folhada
- Massa para biscoitos

O QUE TER NA GELADEIRA

- Ovos
- Manteiga, de preferência sem sal
- Creme de leite fresco
- Leite
- Iogurte integral
- Queijo
- Mostarda de Dijon
- Maionese (industrializada ou caseira; veja p. 121)
- Fermento biológico
- Na gaveta de frutas: laranjas, limões, maçãs e outras frutas da época
- Na gaveta de hortaliças: cebolinha, gengibre, salsinha, folhas para salada (veja quadro na p. 160)
- Cenouras
- Pimentão vermelho
- Salsão
- Cogumelos (é melhor armazená--los soltos num pote grande de vidro para que possam respirar)
- Presunto e/ou prosciutto
- Peixe defumado
- Linguiças, seca e fresca
- Pequenos potes de: pesto caseiro (p. 165) ou molho verde (p. 166)
- Molho para salada (vinagrete, p. 158)
- Caldo e sucos de carne
- Xarope de bordo, se aberto
- Geleias, se abertas
- Limão-siciliano em conserva (veja p. 239)
- Azeitonas
- Picles

ITENS BÁSICOS NAS CESTAS DE FRUTAS E LEGUMES

- Cebolas
- Alhos
- Frutas não amadurecidas
- Bananas
- Tomates
- Batatas
- Chalotas

UMA CONSIDERAÇÃO SOBRE O TAMANHO DA PORÇÃO

Sempre achei de certa forma presunçoso ditar o quanto alguém deve comer numa refeição. Acho que a quantidade deve ser flexível, porque depende muito do apetite — da idade, do sexo, do tamanho e do estilo de vida — de quem vamos alimentar. Um jovem atlético em desenvolvimento consome facilmente três vezes mais alimentos do que eu, e provavelmente ele não deixará sobras para as segunda e terceira rodadas que eu gosto de comer. Então, ao cozinhar para si, você precisa encarar as receitas deste livro apenas como diretrizes e fazer as contas para atender às suas necessidades. Minhas porções refletem o que eu serviria a mim mesma e são relativamente modestas, deixando espaço para um pouco de queijo com um bom pedaço de pão para comer com salada e/ou fruta para finalizar o meu jantar.

A linguagem da culinária

Cozinhar é uma experiência sensual, e você realmente deve permitir que todos os seus sentidos participem. Desfrute a textura dos ingredientes, observe o que está acontecendo, experimente e sinta os aromas deliciosos que estimulam sua expectativa. Depois, quando colocar tudo no prato, mesmo que seja apenas para você — ou principalmente se for apenas para você —, faça uma bela apresentação, adicionando um pouco de cor, se necessário.

Acho que a linguagem das receitas deve refletir a natureza visceral do ato de cozinhar e convidá-lo a participar de maneira mais completa, em vez de simplesmente seguir uma fórmula. É por isso que uso expressões como "1 pitada de sal", "um pouquinho de vinho", "1 punhado de salsinha", "1 cravo-da-índia grande", "1 punhado de folhas de espinafre". Você não precisa medir o vinho com precisão. Jogue um pouco na panela quente, deixe-o reduzir, se indicado, e então prove. É perda de tempo pôr um pouco de salsinha picada numa colher de sopa para ter certeza de que usou a quantidade "correta". Existem momentos em que as medidas exatas são importantes, principalmente nos assados, mas, ainda assim, não tente preparar uma massa de pão com uma precisão rígida, pois a quantidade de água na farinha de trigo pode variar muito. O único guia preciso são as suas mãos: para *sentir* se a massa está grudenta ou úmida demais.

Espero que a flexibilidade que estou incentivando o ajude a cozinhar de forma mais tranquila. Sinta o quanto é uma colher de chá de sal colocando-o na palma da mão antes de adicionar à panela. Na próxima vez, você não vai precisar da colher para medir: sua mão lhe indicará a quantidade. E, quanto mais confiante você ficar, mais se sentirá incentivado a experimentar suas próprias variações de algumas destas receitas e a brincar com as suas próprias ideias. Cozinhar para uma pessoa pode ser um desafio, porque com frequência você vai querer reduzir receitas que servem muitas pessoas para uma porção única. Então, você precisa usar o bom senso e a imaginação. E, se não der certo na primeira vez, tente novamente.

AVES

Frango assado

Esta é a técnica que uso para assar um frango inteiro. Preparo uma saborosa mistura de chalotas, alho, raspas de limão e ervas umedecida com azeite e a passo sob a pele do frango pelo menos uma hora antes de levar ao forno. Fazendo isso pela manhã para assar o frango à noite, ele assará bem mais rápido. Basta colocar legumes numa assadeira junto com a ave e você vai ter um jantar completo pronto em 30 minutos, com uma boa quantidade de sobras para usar durante a semana. É claro que você pode assar metade do frango (ou coxas, sobrecoxas ou peito) e ficar com poucas sobras, mas acho que as aves inteiras são mais suculentas e saborosas, principalmente se você comprar um frango orgânico. Além disso, gosto de ter os miúdos e ossos para fazer caldo e o fígado para preparar minha própria iguaria (veja p. 111).

DO QUE VOCÊ PRECISA

- 1 frango com cerca de 1,5 kg

PARA A MISTURA DE ERVAS

- 1 dente de alho descascado
- Sal
- 1 chalota
- 1 cebolinha
- Cerca de 2 tiras de casca de limão
- 1 punhado de salsinha fresca
- 2 a 3 colheres (sopa) de folhas de estragão, ou 1 colher (chá) de estragão seco
- 2 colheres (sopa) de azeite
- Pimenta-do-reino moída na hora

LEGUMES PARA ACOMPANHAR

- 1 cenoura
- 1 pastinaca
- 2 chalotas, ou 2 fatias grossas de uma cebola pequena, sem casca
- 2 ou 3 batatas pequenas
- Azeite de oliva
- Sal

Lave o frango e seque-o com papel-toalha. Pique o dente de alho, adicione ½ colher (chá) de sal e, com a lateral da lâmina de uma faca grande, amasse tudo até obter uma pasta. Pique a chalota, a cebolinha, as tiras da casca de limão, a salsinha e o estragão e misture ao alho. Amasse tudo com o azeite. Adicione pimenta-do-reino generosamente.

Pelo menos 1 hora antes de levar ao forno, ou pela manhã do dia em que pretende assá-lo para o jantar, prepare o frango. Eu gosto de remover o osso da carcaça e guardá-lo para fazer caldo, bem como cortar as pontas das asas. Mas você pode simplesmente cortar a ave ao meio, fatiando-a ao longo do osso do peito com uma tesoura de trinchar (se tiver) para cortar o osso. Ou compre um frango já cortado em dois. Solte a pele do peito, das sobrecoxas e coxas. Esfregue um pouco de azeite no lado sem a pele e tempere tudo com sal e pimenta-do-reino. Leve à geladeira até a hora de assar.

Preaqueça o forno.

Descasque a cenoura e a pastinaca e corte-as ao meio no sentido do comprimento; corte as chalotas ao meio e as batatas em três. Espalhe numa assadeira, ou forre a assadeira com um tapete de silicone untado com azeite e passe os legumes nele. Salgue levemente. Coloque as metades do frango, com a pele para baixo, no meio, com os legumes ao redor, e leve ao forno com a grade a mais ou menos 15 cm do grill. Observe os legumes e vire-os de vez em quando, colocando sob a ave os pedaços que começarem a queimar. Após 5 minutos, regue o frango com um pouco de azeite. Depois de 20 minutos, vire-o e asse o outro lado, dessa vez banhando-o com o caldo da assadeira. Asse por mais 15 minutos. Retire parte dos legumes se estiverem assando demais e mantenha-os aquecidos. O frango deve ficar pronto em 35 minutos, mas você deve verificar fazendo um corte na junção da coxa com o peito para ver se o suco que sai dali é claro. Se tiver um termômetro de leitura instantânea, insira-o nesse local. A temperatura deve ser de aproximadamente 74° C. Deixe descansar por 5 minutos antes de servir a si mesmo uma bela porção de sobrecoxa ou peito, juntamente com o caldo da assadeira e os legumes assados.

Variações

GALETO ASSADO

Você pode assar um galeto da mesma maneira, passando primeiro a mistura de ervas sob a pele. Um galeto de 1 kg, o mais comum de encontrar, vai levar cerca de 30 minutos para assar. Recentemente, comprei um galeto pequeno de ½ kg. Levou menos de 25 minutos para ficar pronto e ficou delicioso. Utilize menos mistura de ervas para aves menores.

FRANGO ASSADO INTEIRO

Passe a mistura de ervas sob a pele como descrito na receita de Frango assado, e passe um pouco de sal e azeite sobre o frango. Não é necessário amarrar a ave. Coloque-a numa assadeira com o peito para baixo e asse em forno preaquecido a 180° C por 45 minutos, regando uma ou duas vezes. Depois vire o peito para cima e asse por mais 30 minutos, banhando algumas vezes. Verifique se está pronto como indicado na página 33. Deixe descansar por 5 minutos antes de cortar.

Segunda e terceira rodadas — e mais

É sempre bom ter frango frio para usar em sanduíches e saladas. Mas estas são duas receitas tradicionais que utilizam sobras de frango de maneiras particularmente agradáveis. Se quiser mais ideias, veja o quadro "As nove vidas do peru" (pp. 39-40). O que você pode fazer com carne de peru quase sempre se aplica ao frango também.

Frango divã

DO QUE VOCÊ PRECISA

- ⅔ xícara de Molho branco (p. 170) descongelado
- Sal e pimenta-do-reino moída na hora

- 1 colher (sopa) ou mais de caldo de galinha
- 1 colher (sopa) de xerez seco
- ½ maço de brócolis
- 3 colheres (sopa) de queijo parmesão ralado
- 3 fatias de peito de frango cozido, mais 1 punhado de lascas de frango

Preaqueça o forno a 180° C.

Aqueça o molho branco lentamente, mexendo bem, e dilua-o com o caldo e com o xerez até que fique com a consistência de uma sopa não muito densa.

Com um descascador de legumes, remova a camada externa dos talos dos brócolis. Corte cada talo em 3 partes. Coloque-as num cesto de cozimento a vapor sobre água fervente e deixe cozinhar por 2 minutos. Depois adicione os floretes e cozinhe por mais 2 minutos.

Espalhe os brócolis no fundo de uma forma rasa para gratinar, com cerca de 15 cm de diâmetro. Tempere levemente com sal e pimenta-do--reino, espalhe cerca de 2 colheres (sopa) do molho branco por cima e polvilhe com 1 colher (sopa) do parmesão ralado. Distribua os pedaços de frango por cima e coloque algumas lascas nas laterais. Tempere novamente com sal e pimenta-do-reino e espalhe o restante do molho branco por cima. Polvilhe com o que sobrou do queijo ralado e asse por 25 minutos. Em seguida, ligue o grill por tempo suficiente para dourar a superfície.

Segunda rodada

Picadinho de frango na torrada

Os picadinhos eram muito populares na culinária norte-americana do século XIX. Na infância eu sempre comia picadinho de frango e de peru, e às vezes de cordeiro, sobre torradas, e sempre adorei o sabor simples e reconfortante desses pratos. Se não tiver molho branco em casa, use creme de leite e deixe-o reduzir um pouco.

36 *O prazer de cozinhar só para você*

DO QUE VOCÊ PRECISA

- 2 colheres (chá) de manteiga
- 2 ou 3 champignons bem picados
- 1 cebolinha bem picada
- 1 colher (sopa) de vinho Madeira
- ¾ a 1 xícara de frango cozido cortado em pedaços bem pequenos
- Sal e pimenta-do-reino moída na hora
- ¼ xícara de Molho branco (p. 170), ou 2 colheres (sopa) de creme de leite
- 1 fatia de pão branco torrado
- 1 pitada de estragão, fresco ou seco

Derreta a manteiga numa panela pequena e adicione os champignons e a cebolinha. Cozinhe por cerca de 5 minutos, até amolecer. Adicione o vinho Madeira e cozinhe até virar um xarope.

Adicione o frango, tempere com sal e pimenta-do-reino e aqueça bem, adicionando molho branco suficiente para dar liga no frango, ou use o creme de leite. Coloque sobre o pão torrado e polvilhe um pouco de estragão por cima.

Gosto de servir meu picadinho com aspargos ou ervilhas, quando estão na época.

Variações

Este picadinho pode ser feito com sobras de peru, e, se você tiver castanhas à mão, use-as picadas no lugar dos champignons.

Outro acompanhamento que experimentei recentemente foram os maços de serralha, com as folhas macias e os botões ainda fechados. Eu os cozinhei por 8 minutos, adicionei manteiga adocicada e algumas gotas de limão. Um prato de verão, perfeito para um picadinho tradicional de New England.

Peito de frango (ou sobrecoxas) refogado

Enquanto eu estava escrevendo este livro, as pessoas sempre me perguntavam: "O que devo fazer com peitos de frango?" Acho que elas querem preparar peitos de frango porque é uma carne magra (portanto, supostamente saudável) e rápida de preparar, mas geralmente são vendidos em pacotes com dois, o que é muito para uma única refeição. Sinceramente, para mim isso é uma vantagem, não um problema, porque você terá sobras para uma segunda rodada. Esta é uma receita básica para preparar um saboroso e suculento peito de frango, que pode ser variada de acordo com as hortaliças da época. Confesso que prefiro a carne escura do frango à branca. Se você também prefere, substitua o peito de frango por 2 sobrecoxas e cozinhe por 5 minutos a mais.

DO QUE VOCÊ PRECISA

- 1 peito de frango inteiro cortado ao meio e desossado, de preferência com a pele
- Sal e pimenta-do-reino moída na hora
- 1 colher (sopa) de manteiga
- ¼ de 1 pimentão vermelho, amarelo ou roxo cortado em palitos
- 1 abobrinha pequena cortada em palitos
- 4 cebolinhas (ou mais, se muito finas) cortadas em palitos
- 1 pouco de vinho branco
- 1 pitada de salsinha ou outra erva fresca

Se o peito de frango não for desossado, é muito fácil fazer isso em casa. Use uma faca afiada para soltar e remover a carne das costelas. Guarde os ossos para fazer uma sopa.

Lave o frango e seque-o com papel-toalha. Esfregue sal e pimenta-do-reino dos dois lados. Aqueça a manteiga numa frigideira pesada de cerca de 22 cm e adicione o frango. Deixe dourar por cerca de 3 minutos em fogo médio, depois vire e doure o outro lado. Continue refogando por 15 minutos virando várias vezes, depois empurre o frango para a beirada da frigideira. Retire quase toda a gordura, deixando apenas 2

38   *O prazer de cozinhar só para você*

colheres (chá). Adicione o pimentão no centro da frigideira e frite por 2 minutos. Adicione a abobrinha e a cebolinha e continue cozinhando, mexendo sem parar, até que estejam macios, por cerca de 3 minutos ou mais. Adicione mais sal a gosto e 1 pitada de pimenta-do-reino. Passe 1 dos pedaços de frango para um prato aquecido e coloque os vegetais ao redor (reservando o outro pedaço para a segunda rodada.) Aumente um pouco o fogo e adicione vinho à frigideira. Quando ele tiver reduzido e engrossado levemente, raspe o fundo da panela e derrame o caldo sobre o frango que você vai comer. Polvilhe com salsinha ou outras ervas.

Variações

Experimente outras combinações de hortaliças: corações de alcachofra com fatias de cebola e batatas; raízes como pastinaca, salsão e nabo ficam ótimos com pimentões fatiados. Brinque com champignons, chalotas e funcho, assim como com floretes de brócolis. Legumes que demoram mais para cozinhar devem ser branqueados primeiro por vários minutos.

Segunda rodada

Frango frio sempre combina com sanduíches ou saladas (veja sugestões nas pp. 155-56). Sobras de peito de frango ficam ótimas numa sopa grega (veja p. 99).

As nove vidas do peru

Sempre penso no que escreveu Edna Lewis, autora do incomparável *The Taste of Country Cooking*, sobre sua infância na Virginia: que ter um presunto defumado na geladeira é como ter um bom vestido preto — você está pronta para tudo. Eu me sinto assim quando termina o jantar do feriado e as sobras de um peru gordo ocupam um bom espaço na geladeira. Para mim, é como um tesouro secreto que posso aproveitar por vários dias, improvisar uma refeição para mim mesma ou para quem aparecer com fome. Mas há também um desafio: eu não quero enjoar do sabor do peru. Então estou decidida a dar a essa ave nove vidas bem diferentes.

Ao imaginar suas possíveis reencarnações, penso no passado, nos tipos de prato que faziam parte do cardápio de todas as famílias durante minha infância, e minha boca se enche de água quando penso em recuperar algumas dessas lembranças culinárias.

Primeiramente, retiro o restante da carne da carcaça, separando os pedaços de carne escura e branca e outros maiores misturados. Todos os ossos que ainda contenham resquícios de carne vão para uma panela grande com 1 ou 2 cebolas, alguns pedaços de salsão, 1 cenoura, algumas folhas de alho-poró, se disponível, e alguns talos de salsinha, que sempre tenho em casa. Adiciono água fria até cobrir ao menos 2,5 cm de tudo, salgo levemente e deixo a mistura cozinhar em fogo baixo por cerca de 4 horas. Além de fornecer quase dois litros de caldo de peru para congelar, isso também será a base da minha primeira refeição.

SOPA DE PERU SUBSTANCIOSA Aqueço algumas conchas do caldo e adiciono um pouco das sobras do recheio (sempre sobra um pouco dentro da cavidade, e você só precisa de recheio suficiente para engrossar e dar sabor ao caldo). Então, coloco folhas picadas (de escarola, alface, ou do que tiver em casa) e às vezes um pedaço de pão tostado, polvilhando tudo com queijo parmesão ralado.

TETTRAZINI DE PERU Esta é uma antiga receita de família, como o Frango divã (p. 34). Você pode seguir a mesma receita, mas substitua os brócolis por 3 ou 4 champignons refogados.

PILAF DE ARROZ SELVAGEM COM PERU Eu servi arroz selvagem com peru, mas você pode usar qualquer arroz cozido para montar este prato que é uma verdadeira refeição (veja nas pp. 183-84).

STRATA CREMOSA DE PERU, LEGUMES E QUEIJO Use algumas fatias de peru para fazer uma strata cremosa assada para uma pessoa (veja nas pp. 122-23).

SALADA WALDORF Você se lembra dela? É feita com maçã, salsão, nozes e frango. Gosto de variar usando fatias de funcho e, é claro, peru. Há outras ideias de saladas nas quais você pode substituir o frango por peru (veja nas pp. 155-57).

CROQUETES DE PERU Misture ¼ xícara de molho branco com ½ xícara de peru moído e 1 cebolinha picada. Tempere bem e faça um bolinho. Passe na farinha de trigo, depois no ovo batido e na farinha de rosca e frite. Para mais detalhes, veja minha receita de croquetes em *The Tenth Muse*.

SANDUÍCHE DE PERU É difícil superar fatias de peito de peru com alface e muita maionese espalhada num bom pão branco. Mas, às vezes, gosto de variar e adicionar pimentão vermelho grelhado por cima ou uma fatia fina de berinjela grelhada. Você pode usar diferentes tipos de legumes grelhados.

CREPES DE PERU Se tiver massa para crepes (veja nas pp. 229-30) em casa e um pouco de creme branco no freezer, é simples fazer alguns crepes finos e recheá-los com carne de peru picada misturada ao creme branco e temperada com cebolinha, adicionando talvez um pouco de cogumelos refogados (p. 146).

PERU MOÍDO COM CASTANHA PORTUGUESA Meu peru está acabando, e este é um prato bem tradicional. Só sobrou carne escura, que de fato é a melhor para moer. Se você usou castanhas portuguesas para rechear sua ave e restaram algumas, você pode preparar um delicioso peru moído com castanhas. Siga a receita de Picadinho de frango na torrada (pp. 35-36).

Cozinhando durante a semana 41

CARNES

Fraldinha

Este é o meu bife favorito. Gosto da textura do corte e da leve gordura marmorizada, suficiente para manter a carne suculenta. E tem um tamanho bom para uma pessoa só. Um bife de fraldinha de aproximadamente 400 g rende três boas refeições. Primeiro faço um pedaço de bife malpassado rapidamente refogado e servido com o caldo da frigideira com vinho e cebolinha. Depois, como algumas fatias de carne fria com molho picante no almoço e, mais para o fim da semana, uso as sobras num delicioso prato assado com cogumelos e farelo de pão, uma inspiração do falecido Mireille Johnston, cujos livros nos ensinaram muito sobre a culinária caseira francesa — econômica, criativa e saborosa.

DO QUE VOCÊ PRECISA

- 1 ou 2 dentes de alho descascados e amassados
- Sal
- Cerca de ½ colher (chá) de gengibre fresco descascado e ralado (opcional)
- Pimenta-do-reino moída na hora
- 1 bife de fraldinha de cerca de 400 g
- Azeite de oliva
- 1 colher (sopa) de manteiga
- 1 cebolinha grande bem picada
- ¼ xícara de vinho tinto
- 1 punhado de salsinha fresca picada

Pique bem o alho, polvilhe-o com cerca de ¼ colher (chá) de sal e, com a lateral da lâmina de uma faca, amasse tudo até formar uma pasta. Misture o gengibre à pasta, se decidir usá-lo. Não é francês, mas acrescenta um delicioso *je ne sais quoi*. Adicione 1 pitada generosa de pimenta-do-reino, espalhe a pasta dos dois lados do bife e corte-o ao meio ou em em 3 pedaços, para caber na frigideira. Espalhe um pouquinho de azeite no fundo de uma frigideira pesada de cerca de 20 cm de diâmetro e sele o bife em fogo alto durante 1 minuto de cada lado. Agora leve a frigideira ao forno preaquecido a 180° C e asse por 4 minutos (ou mais, se não quiser a carne malpassada). Passe o bife para um prato aquecido enquanto prepara o molho. Derreta a manteiga na frigideira quente e refogue a cebolinha durante 1 minuto. Adicione o vinho e deixe reduzir pela metade. Espalhe o molho sobre a porção de carne que você vai consumir imediatamente. Cubra com um pouco de salsinha picada.

Segunda rodada

CARNE COM MOLHO GRIBICHE

Ainda melhor do que um sanduíche de carne é um prato de carne malpassada cortada em fatias finas com molho gribiche por cima e acompanhada de pepinos e tomates-cereja. Provei este molho pela primeira vez num pequeno restaurante na Rue de Seine, em Paris, e imediatamente fui para casa tentar decifrar os ingredientes e criar a minha própria versão. Existem muitas variações (a minha está na p. 167), e é um molho para se fazer várias vezes, pois realça vários tipos de carnes frias, principalmente os miúdos que adoro, além de peixe.

Ervas e especiarias

As ervas podem ser um problema para quem mora sozinho — aliás para qualquer cozinheiro hoje em dia. Muitas receitas, principalmente de chefs, pedem dois ou três tipos diferentes de ervas — 1 talo de tomilho fresco, 2 folhas de louro ou sálvia frescos, várias colheres de cebolinha picada, por exemplo —, e se você comprar três pacotes de ervas terá gasto tanto com o tempero quanto com a carne. Além disso, as ervas que você compra não são exatamente frescas, pois estão sufocadas em embalagens plásticas, então é provável que você descarte o que sobrar.

Uma solução é substituir ervas frescas por secas, algo que os bons cozinheiros têm feito há séculos. Não existe uma fórmula rígida para a substituição, mas em geral você deve usar quatro vezes mais ervas frescas do que secas e então provar — é sempre possível adicionar mais.

Certifique-se de que suas ervas secas não estejam estragadas. Compre-as em quantidades pequenas, date a embalagem e substitua-as ao menos uma vez por ano. Também é útil ter um moedor de especiarias, para que você possa comprar sementes de especiarias inteiras, como coentro, cardamomo e cominho (que talvez você não utilize muito) e moê-las na hora.

Sempre compre noz-moscada seca inteira e rale-a num pequeno ralador próprio. Você também pode usar os orifícios pequenos de um ralador comum.

Não é preciso dizer que você precisa de um bom moedor de pimenta-do-reino para moê-la na hora de usar. E eis um conselho útil do chef Scott Peacock: Nunca deixe o moedor de pimenta-do-reino na prateleira sobre o fogão; os grãos vão ressecar com o calor e o sabor ficará comprometido.

Outra estratégia é plantar ervas frescas em vasos no parapeito de uma janela onde bata sol, se possível. Eu gosto de ter vasos de salsinha, manjericão, estragão e alecrim. E tenho sorte no verão, pois tenho uma horta no norte de Vermont. Mesmo no clima frio da região, eu sempre trago meu manjericão para dentro de casa à noite.

Terceira rodada

Gratinado de carne bovina, cogumelos e farelo de pão

DO QUE VOCÊ PRECISA

- 6 cogumelos médios
- 1 dente de alho descascado
- 1 chalota
- 2 colheres (sopa) de farelo de pão fresco e um pouco mais para cobrir
- 2 colheres (sopa) de salsinha fresca picada
- Sal e pimenta-do-reino moída na hora
- Azeite de oliva
- 3 ou 4 fatias finas de sobras de carne
- Um pouco de vinho tinto

Pique os cogumelos, o alho e a chalota em cubinhos e misture-os ao farelo de pão e à salsinha. Adicione sal e pimenta-do-reino generosamente. Espalhe um pouco de azeite no fundo de uma forma rasa individual para gratinar e adicione metade da mistura de cogumelos. Cubra com as fatias de sobras do bife de fraldinha e derrame um pouco do vinho por cima. Salgue de novo, levemente. Finalize com 1 camada do restante da mistura de cogumelos. Para cobrir, espalhe 1 colher (sopa) rasa de farelo de pão sobre tudo e tempere com 1 fio de azeite. Asse a 190° C durante 25 minutos.

Uma boa carne bovina criada perto de casa

Em minhas memórias sobre minha vida na culinária, *The Tenth Muse*, escrevi sobre o empreendimento no qual minha enteada, Bronwyn, e eu havíamos acabado de nos aventurar: criar gado em pastagens com meu primo John Reynolds, que tem uma fazenda no norte de Vermont. A ideia era ter um pequeno rebanho pastando em nossas terras suplementado por grandes quantidades de feno que John ceifava durante o verão. Quando investimos em nossas seis primeiras vacas Angus, eu ainda não sabia o quão prazeroso seria ver nossos campos voltando a ser uma boa pastagem e olhar nosso gado bem cuidado pastando satisfeito e amamentando seus bezerros.

Recentemente provei a carne do primeiro lote comercializado, e, quando mordi o lombo que havíamos assado, ele estava tão bom que quase chorei. Eu não degustava uma carne como aquela desde a primeira vez em que estive em Paris, com vinte e poucos anos e, num pequeno e barato bistrô, comi um *entrecôte* de gado criado na região — levemente rígido, mas com um intenso sabor de carne. Isso me fez perceber do que eu sentia falta no meu país: nossa carne estava sem sabor. Quando comi mais um pedaço do nosso assado, eu me senti muito grata a John e à família dele pelo carinho com o qual cuidaram do nosso pequeno rebanho e às próprias vacas, cuja carne era a prova da vida boa que levaram. Mais do que nunca, eu estava convencida de que a forma como os animais são criados, o alimento natural que consomem e mesmo a forma como são sacrificados refletem na qualidade da carne.

Então, aconselho vocês que cozinham apenas para si mesmos a procurar uma fonte de alimento confiável, principalmente de carne bovina e aves. É claro que custa um pouco mais, mas você pode compensar comendo menos da primeira vez e incrementando o que sobrar com legumes e outros acompanhamentos substanciosos, como os bons cozinheiros do mundo têm feito há séculos.

Boeuf bourguignon

Prepare este saboroso ensopado num fim de semana tranquilo. Você provavelmente vai fazer com que ele renda três refeições se seguir algumas das sugestões a seguir. Ao comprar carne para ensopado, você nem sempre sabe o que está levando, então pergunte ao açougueiro. Se for carne magra, levará menos tempo para cozinhar (na verdade, você vai estragá-la se cozinhar por tempo demais), mas os cortes mais gordurosos precisam de pelo menos meia hora a mais.

DO QUE VOCÊ PRECISA

- 55 g de bacon picado, de preferência em cubinhos
- Cerca de 700 g de carne para ensopado cortada em cubos de mais ou menos 3 cm
- 1 colher (sopa) de azeite
- 1 cebola média picada
- ⅓ cenoura, a extremidade mais grossa, descascada e picada
- Sal

- 2 colheres (sopa) de farinha de trigo
- 1 xícara de vinho tinto
- 1 xícara de caldo de carne
- 1 bouquet garni composto de ½ folha de louro, 1 dente de alho grande amassado, 1 punhado de talos de salsinha, ¼ colher (chá) de tomilho seco e 4 ou 5 grãos de pimenta-do-reino

LEGUMES PARA ACOMPANHAR

- 3 ou 4 minicebolas, ou alho-poró em pedaços de 2,5 cm
- 2 ou 3 batatas do tipo bolinha

- 3 ou 4 cenouras baby, ou as pontas finas de cenouras grandes descascadas

Doure o bacon numa panela pesada funda, mas não grande demais. Quando o bacon tiver soltado a gordura e estiver levemente dourado, retire-o da panela, deixando a gordura. Seque os cubos de carne com papel-toalha. Coloque o azeite na panela e, quando estiver quente, doure metade dos cubos de carne de todos os lados. Retire-os, reserve-os junto com o bacon e doure os cubos restantes. Agora refogue a cebola e a cenoura até dourarem levemente. Leve as carnes de volta à panela, adicione a farinha e um pouco de sal e acrescente o vinho e o caldo de carne. Coloque o bouquet garni na panela e deixe ferver. Abaixe o fogo, tampe e deixe cozinhar por 1 hora ou mais, dependendo do corte da carne. Prove para determinar se está quase pronta (a carne ficará mais 20 minutos cozinhando com os legumes).

No momento certo, adicione todos os legumes, tampe e cozinhe novamente durante 20 a 25 minutos. Espete os legumes para checar se estão macios. Sirva-se de 4 ou 5 cubos de carne, com todos os legumes, e de um bom pão francês para limpar o molho do prato.

Segunda rodada

Use 3 ou 4 cubos de carne e um pouco do molho restante para fazer uma Torta de carne e rim (p. 49) rápida no fim da semana. A receita vem depois da de Rins de vitela em molho mostarda, porque você vai usar sobras de rins para preparar esse prato

Terceira rodada

Use o que sobrar para preparar um molho de tomate com carne para uma pessoa, desfiando a carne e adicionando 3 ou 4 tomates sem pele e amassados. Ferva o molho enquanto a massa cozinha.

Rins de vitela em molho mostarda

De vez em quando, sinto vontade de comer este prato, disponível em quase todos os bistrôs de Paris. A mostarda de Dijon é o complemento perfeito para o sabor intenso dos rins, e é um prato reconfortante para saborear num dia frio. Parece estar cada vez mais difícil encontrar rins para comprar, então, quando os vir no mercado, compre. Mesmo que você pense que não gosta de rognons de veau, aconselho que experimente cozinhá-los dessa maneira. Acho que você vai se converter.

Recentemente, perguntei ao açougueiro de um mercado gourmet de Nova York se tinha rins de vitela. E ele encontrou alguns no refrigerador. Mas o rim que ele pe-

48   O prazer de cozinhar só para você

gou e orgulhosamente me mostrou pesava pouco mais de ½ kg (a maioria pesa cerca de 200 g antes de ser limpa). Mesmo assim, não consegui resistir. Ao pensar em como usar as sobras, me lembrei da tortinha de carne e rim que minha mãe às vezes servia (receita a seguir). Decidi prepará-la com sobras de Boeuf bourguignon (receita anterior), então também comprei ½ kg de carne para assado e fui para casa planejando as refeições da semana seguinte.

DO QUE VOCÊ PRECISA

- 1 rim de vitela com cerca de 500 g ou menos
- 2 colheres (chá) de manteiga
- 1 colher (chá) de azeite
- 1 chalota picadinha
- ¼ xícara de vinho branco ou vermute
- 2 colheres (chá) de suco de limão
- 1 colher (sopa) cheia de mostarda de Dijon misturada a 1 colher (sopa) de manteiga amolecida
- Sal e pimenta-do-reino moída na hora
- 1 punhado de salsinha fresca picada

Lave e seque o rim. Remova toda a gordura da parte inferior, retire qualquer membrana que tenha sobrado e depois bata o rim. Aqueça a manteiga e o azeite numa panela pesada mais ou menos do tamanho do rim, e quando a gordura estiver bem quente, formando bolhas grandes, adicione o rim e frite em fogo médio a alto durante 12 minutos, virando uma vez e tomando cuidado para que a gordura continue aquecida, mas não queime. Transfira o rim para um prato aquecido e tampe.

Refogue a chalota na panela por 1 minuto, adicione o vinho e o suco de limão e deixe reduzir, raspando o fundo da panela, até engrossar. Desligue o fogo e adicione a mistura de mostarda e manteiga, cerca de ½ colher (chá) de cada vez, mexendo sempre. Agora você pode cortar o rim em fatias grossas ou despedaçá-lo e levar de volta à panela com o caldo, deixando lá por tempo suficiente para aquecerem. Tempere com sal e pimenta-do-reino a gosto, virando os pedaços no molho para temperar por igual.

Reserve a porção que você deseja guardar para sua Torta de carne e rim (receita a seguir) e espalhe um pouco de salsinha no que for consumir em seguida. Sirva com arroz ou polenta.

Segunda rodada

Torta de carne e rim

DO QUE VOCÊ PRECISA

- Sobras de rim de vitela, 3 ou 4 pedaços
- Sobras de Boeuf bourguignon (p. 46), 3 ou 4 pedaços
- Sobras de molho de ambos
- 85 g de Massa para torta (p. 226)

- Espessante, pode ser farinha de trigo instantânea ou beurre manié (veja procedimento), na quantidade necessária
- Sal e pimenta-do-reino moída na hora

Preaqueça o forno a 220° C.

Coloque o molho dos rins e da carne numa panela pequena e aqueça. Se parecer ralo demais, engrosse-o com uma pequena quantidade de farinha de trigo instantânea (cerca de ½ colher (chá) em ½ xícara de líquido), ou, ainda melhor, misture cerca de ½ colher (chá) de farinha de trigo e 1 colher (chá) de manteiga e adicione aos poucos ao molho, batendo com um batedor de claras até engrossar levemente. Talvez isso não seja necessário se o líquido estiver espesso, com a consistência de um bom mingau.

Disponha as carnes numa travessa ou assadeira pequena, com mais ou menos 5 cm de profundidade e 12 cm de diâmetro. Espalhe o molho por cima, prove e adicione sal e pimenta-do-reino, se necessário. Abra a massa formando um círculo de 15 cm de diâmetro ou um pouco maior, depois enrole-a no rolo de abrir massa e estique-a sobre a travessa. Enrole a massa em excesso e prenda-a com firmeza ao redor da borda. Faça 2 ou 3 cortes na superfície e asse em forno preaquecido por 10 minutos, depois abaixe a temperatura para 180° C e asse por mais 10 a 15 minutos, até a superfície dourar levemente e o molho borbulhar pelos cortes na massa.

Ragu de ossobuco e rabo de boi

Este é um prato que fico tentada a fazer quando meu estoque de caldo de carne caseiro está baixo. Mas talvez seja uma desculpa. A verdade é que adoro comer esses cortes, tirar o tutano do ossobuco com uma colher e, no segundo prato, tirar toda a carne dos ossinhos do rabo de boi. É um prato que faz sujeira quando comemos, e talvez seja melhor degustá-lo sozinho, com um guardanapo no pescoço. Geralmente ainda fico com sobras de carne após preparar esses dois pratos — o suficiente para usar num macarrão quando quiser um jantar rápido. Depois temos o tesouro do caldo de carne para estocar.

DO QUE VOCÊ PRECISA

- 1 colher (sopa) de azeite ou gordura de pato ou ganso
- Sal
- Cerca de 700 g de rabo de boi
- 1 ossobuco grande, com mais ou menos 600 g
- 1 cebola grande picada

- 1 cenoura grande descascada e picada
- ½ xícara de vinho tinto
- 1 bouquet garni composto de 1 dúzia de talos de salsinha, 1 dente de alho, 1 folha de louro, ½ colher (chá) de tomilho seco, 8 grãos de pimenta-do-reino

LEGUMES PARA O PRIMEIRO PRATO

- 4 cebolas pequenas descascadas
- 3 ou 4 cenouras pequenas descascadas e cortadas em pedaços de 1 cm

- ½ nabo branco médio, ou ¼ de talo de salsão grande descascado e cortado em pedaços (opcional)
- 2 ou 3 batatinhas pequenas cortadas ao meio

Aqueça o azeite ou a gordura numa panela pesada. Salgue levemente as carnes e doure de todos os lados. Retire a carne da panela (ou deixe-a na lateral, se a panela for grande o bastante) e refogue a cebola e a cenoura por alguns minutos. Adicione o vinho tinto e deixe reduzir por 1 minuto, depois misture a carne aos legumes, adicionando também o bouquet garni. Adicione água suficiente para cobrir 5 cm acima deles. Tampe e cozinhe por 2 ½ horas. Adicione o restante dos legumes e um pouco mais de água, se necessário, e cozinhe até ficarem macios — cerca de 20 minutos.

Para a primeira refeição, sirvo o ossobuco cercado pelos legumes com um pouco do caldo do cozimento por cima. Caso eu tenha à mão, o Molho verde de inverno (p. 166) fica particularmente bom com este prato. Reservo para depois todas as carnes que não consumir.

Segunda rodada

RABO DE BOI COM CANJICA OU POLENTA

Coloque a maior parte do rabo de boi numa tigela rasa aquecida, à qual você adicionou uma generosa porção de canjica ou polenta (veja p. 195 e p. 198). Despeje uma concha cheia do saboroso caldo de carne por cima, engrossado com um pouco de amido de milho ou farinha de trigo instantânea, se preferir. Se quiser dar um toque especial ao prato, faça uma pequena quantidade de gremolata (veja p. 247), usada com ossobuco de vitela — apenas 1 colher (chá) por cima é suficiente.

Terceira rodada

PENNE COM MOLHO DE CARNE

Coloque uma panela de água salgada para ferver e cozinhe de 55 g a 85 g de macarrão penne. Enquanto isso, retire toda a carne que tiver ficado nos ossos e pique-a. Coe o caldo do cozimento e coloque-o em recipientes para congelar, reservando os legumes. Aqueça um pouco de azeite numa frigideira média e refogue 1 dente de alho cortado em fatias finas durante 1 minuto. Adicione os legumes, a carne picada e cerca de ¼ xícara de molho de tomate (ou, caso não tenha, use 1 colher (sopa) de purê de tomate e um pouco da água do macarrão). Escorra a massa quando estiver pronta e misture-a ao molho na frigideira, adicionando mais água do cozimento, se necessário. Desligue o fogo, adicione 1 punhado de queijo parmesão ralado e misture.

Fígado de vitela com molho de chalota e vinho

Não resisto a um pedaço de fígado de vitela quando vejo um — o que não é frequente — no açougue. É ainda melhor se você puder comprá-lo cortado em fatias de 0,5 cm e o açougueiro remover a membrana externa para você.

Fígado em molho de vinho é uma delícia numa noite fria de inverno; de alguma forma, sempre sinto que meus glóbulos vermelhos ficam fortalecidos com a sua suculência. Gosto de servir essa carne com batatas. Se você tiver algumas batatas cozidas, pode dourá-las num pouco de manteiga enquanto o fígado cozinha, ou, caso não tenha, tente ralar uma batata média crua num ralador grosso e faça uma rápida panqueca de batata.

DO QUE VOCÊ PRECISA

- 1 punhado generoso de farinha de trigo
- Sal
- 1 colher (sopa) de manteiga
- 1 fatia de fígado com 0,5 cm de espessura
- 1 chalota grande bem picada
- 2 bons jatos de vinho tinto
- Pimenta-do-reino moída na hora
- 1 punhado de folhas de salsinha picada

Espalhe a farinha de trigo e 1 pitada de sal sobre 1 pedaço de papel-manteiga. Passe o fígado, cortado em dois se for muito grande, na farinha de trigo. Aqueça 1 colher (chá) da manteiga numa frigideira pequena em fogo médio-alto. Quando começar a borbulhar, coloque o fígado na frigideira. Refogue rapidamente, ainda em fogo alto, por 1 minuto de cada lado, depois coloque num prato. Limpe a manteiga queimada que sobrou na frigideira, deixe a frigideira esfriar um pouco e derreta a manteiga restante em fogo médio. Adicione a chalota. Cozinhe, mexendo sempre, até amolecer, e adicione um pouco de vinho à frigideira. Deixe reduzir rapidamente, adicione mais um pouco de vinho e volte o fígado para a panela. Cozinhe para aquecer bem. Verifique se o fígado está no ponto desejado cortando um pedaço; eu gosto dele ainda rosado. Tempere com sal e pimenta-do-reino a gosto, passe para um prato aquecido, espalhe a chalota e o molho da panela por cima e polvilhe com a salsinha.

Segunda rodada

Os pedaços de fígado embalados vendidos nos supermercados costumam ser muito grandes para mim, então separo um pedaço com cerca de 60 g para fazer uma massa incomum e deliciosa (veja p. 187).

LOMBO DE PORCO

Gosto de comprar um lombo de porco inteiro, pesando cerca de 600 g, e usá-lo de três ou quatro maneiras diferentes durante a semana. Não se engane com a embalagem do supermercado: geralmente são vendidos dois lombos em um único pacote, e você quer um. Então, peça ao açougueiro que abra a embalagem e lhe venda apenas uma unidade. Vale a pena ser persistente. Primeiro, faço um scaloppine rápido (ofereço duas opções a seguir, para que você possa variar), depois corto a extremidade mais fina e separo cerca de 60 g para fazer um *stir-fry*. A maior parte do lombo eu asso e, se houver sobras, faço um picadinho com elas. Eis as orientações.

Scaloppine de carne de porco com limão-siciliano

Gosto de servir este prato no inverno com arroz ou purê de batatas misturado com purê de nabo ou outro tubérculo. No verão, fica bom com praticamente qualquer hortaliça.

54 O prazer de cozinhar só para você

DO QUE VOCÊ PRECISA

- 3 fatias finas de lombo de porco
- Sal e pimenta-do-reino moída na hora
- Farinha de trigo para empanar
- 1 colher (chá) de azeite
- 4 fatias bem finas de limão--siciliano, mais o suco de ½ limão-siciliano
- 2 colheres (chá) de manteiga
- 1 chalota grande cortada em fatias bem finas
- 2 a 3 colheres (sopa) de caldo de galinha ou água
- 1 ½ colheres (chá) de alcaparras
- 1 punhado de salsinha fresca picada

Posicione sua faca de chef bem afiada exatamente sobre a parte de cima do lombo, a cerca de 5 cm da extremidade mais grossa. Inclinando a faca levemente na diagonal, corte 1 fatia bem fina, levando a faca na direção da outra extremidade. Repita esse processo mais 2 vezes para obter 3 fatias. Bata os escalopes até deixá-los com uma espessura uniforme, tempere levemente com sal e pimenta-do-reino e depois passe-os na farinha de trigo. Aqueça o azeite numa frigideira grande o bastante para os três escalopes e adicione a manteiga. Quando estiver borbulhando, coloque a carne junto com as fatias de limão-siciliano e a chalota. Cozinhe os escalopes em fogo médio-alto por menos de 1 minuto de cada lado, depois passe-os para um prato aquecido. Esprema a metade do limão-siciliano na frigideira, adicione o caldo de galinha (ou a água) e deixe ferver até engrossar levemente. Adicione as alcaparras e leve a carne de volta à frigideira apenas para aquecer. Prove para ver se precisa de mais limão-siciliano e/ou sal. Coloque tudo num prato aquecido e espalhe um pouco de salsinha por cima.

Scaloppine de carne de porco gratinado com fatias de berinjela ou abobrinha

Em vez de fazer o scaloppine com limão-siciliano, experimente este delicioso prato de Lidia Bastianich, no qual os legumes se destacam e a carne é a coadjuvante. Ao

Cozinhando durante a semana 55

reduzir esta receita para uma porção, é importante usar uma panela pequena para o molho não evaporar.

DO QUE VOCÊ PRECISA

- 1 berinjela pequena, com cerca de 15 cm de comprimento, ou 1 abobrinha pequena
- Sal e pimenta-do-reino moída na hora
- Farinha de trigo para empanar
- 85 g de lombo de porco
- 1 colher (sopa) de manteiga
- 1 chalota picadinha
- Um pouco de vinho branco diluído em ¼ xícara de água

- Cerca de 6 folhas de manjericão fresco
- 3 a 4 colheres (sopa) de molho de tomate, ou 2 colheres (chá) de purê de tomate
- 1 a 2 colheres (sopa) de azeite
- 3 colheres (sopa) de parmesão ralado
- ½ xícara de caldo de carne ou de galinha caseiro ou um substituto (veja p. 94)

Remova o talo da berinjela. Fatie uma faixa larga da casca, no sentido do comprimento, de ambos os lados e descarte. Então corte a berinjela no sentido do comprimento em fatias de 0,5 cm de espessura. Tempere-as com sal e pimenta-do-reino e depois passe-as na farinha de trigo. (Se estiver usando abobrinha, corte-a em fatias diagonais com 0,5 cm de espessura e passe-as na farinha de trigo.) Aqueça 1 colher (sopa) de azeite numa frigideira de 15 cm de diâmetro e doure levemente as fatias de berinjela de ambos os lados, adicionando um pouco mais de azeite, se necessário. Escorra em papel-toalha. Corte o lombo em escalopes (veja o procedimento na receita anterior) e achate-os entre folhas de papel-manteiga, depois tempere levemente com sal e pimenta-do-reino e passe-os na farinha de trigo. Adicione a manteiga à frigideira e refogue o lombo por 1 ou 2 minutos de cada lado. Retire da frigideira e reserve junto com a berinjela. Adicione a chalota, refogue rapidamente, então adicione o vinho e deixe ferver até quase evaporar. Coloque os pedaços de carne de volta na frigideira numa camada, com folhas de manjericão sobre eles, arrume as fatias de berinjela por cima e espalhe cerca de 1 colher (sopa) do molho de tomate sobre cada pedaço. Espalhe o queijo

por cima e derrame só um pouco do molho de tomate no fundo da frigideira, junto com o caldo. Asse em forno preaquecido a 200° C durante 8 a 10 minutos, ou até a carne ficar macia e ainda sobrar um pouco
de molho na frigideira.

Pequeno lombo de porco assado

*Eu tempero a porção de lombo que vou assar com alho e gengibre. Isso deve ser
feito pelo menos 1 hora antes de levar ao forno, mas geralmente tempero na manhã do dia em que prepararei o lombo. Fica ótimo com legumes assados: batatinhas cortadas ao meio, um tubérculo como nabo branco cortado ao meio, algumas
fatias de salsão, rabanete partido ou pedaços de abóbora. Passe azeite nos legumes primeiro, tempere com sal e espalhe-os numa assadeira pequena ao redor do
lombo. Se eles não estiverem no ponto quando a carne de porco estiver pronta, aumente o fogo e deixe-os assar por mais 5 minutos, enquanto o lombo descansa.*

DO QUE VOCÊ PRECISA

- 1 dente de alho grande
  descascado
- 1 colher (chá) de mostarda de
  Dijon
- 1 colher (chá) de gengibre fresco
  ralado

- 1 colher (chá) de sal
- 1 lombo de porco (preparado
  como descrito na p. 39)
- Pimenta-do-reino moída na hora
- 1 punhado dos legumes
  sugeridos anteriormente

Pique bem o dente de alho, adicione o sal e amasse com a lateral de uma
faca grande. Espalhe a mostarda, o alho amassado e o gengibre dos dois
lados do lombo e tempere generosamente com pimenta-do-reino. Deixe
na geladeira até a hora de assar.

Preaqueça o forno a 180° C e coloque o lombo no meio de uma assadeira, cercado pelos legumes com os quais será assado. Asse por 30
minutos, retire a carne da assadeira e deixe-a descansar de 5 a 10 minutos, enquanto finaliza os legumes. Faça um belo prato com as fatias de
carne de porco cercadas pelos legumes.

Segunda rodada

Picadinho vermelho de carne de porco

Desde que preparei um picadinho de carne enlatada com Julia Child, aprendi algumas dicas sobre como fazer um picadinho delicioso, seja com cordeiro, carne bovina, frango ou, neste caso, carne de porco. Descobri a importância de adicionar um pouco de caldo e, a princípio, cozinhar o picadinho lentamente, para caramelizar, e sempre cortar a carne em pedaços pequenos, nunca moer. Você vai usar aproximadamente a mesma quantidade de carne e de batatas, e é essencial incluir alguns legumes aromáticos para que soltem seu açúcar e ajudem com a calda que forma a casca. Eu uso beterraba cozida, que na Nova Inglaterra é sempre consumida com carne de porco — daí o nome "picadinho vermelho" —, mas você pode usar cogumelos, pimentões vermelhos, cenouras ou funcho, que acompanham bem qualquer sobra de carne. Cozinho tudo na minha panela de ferro fundido de 20 cm, que considero melhor para fazer picadinho do que panela antiaderente.

DO QUE VOCÊ PRECISA

- 1 colher (sopa) de manteiga ou gordura de pato ou ganso
- ½ cebola média picada
- 1 talo de salsão pequeno picado
- 2 batatas pequenas cozidas, descascadas e cortadas em cubos
- 1 beterraba pequena assada ou cozida, descascada e cortada em cubos
- 85 g de carne de porco cozida picada
- ¼ xícara de caldo (de carne, vitela, ganso — do que tiver em casa)
- Sal e pimenta-do-reino moída na hora
- Salsinha fresca picada

Derreta a manteiga numa panela pequena pesada. Adicione a cebola e o salsão e cozinhe até amolecer levemente, por cerca de 5 minutos. Adicione as batatas, a beterraba, a carne de porco e o caldo. Tempere levemente com sal e pimenta-do-reino e cozinhe em fogo baixo, com a panela tampada. Retire a tampa e deixe o fundo dourar. Observe atentamente para não queimar com facilidade. Quando estiver dourado, pressione fir-

58   *O prazer de cozinhar só para você*

memente com uma espátula larga, vire o picadinho todo (provavelmente em 2 ou 3 partes) e doure do outro lado. Transfira para um prato aquecido, polvilhe com salsinha e desfrute uma refeição deliciosa com sabor de nostalgia.

Outros legumes aromáticos que você pode usar: cenouras ou outros tubérculos cortados em cubinhos, champignons picados e a mesma quantidade de funcho no lugar do salsão.

Refogado de carne de porco com legumes

Este é um stir-fry bem flexível, então divirta-se com o que quiser misturar. O importante é preparar tudo com antecedência e deixar separado numa bandeja perto do fogão. Misture os ingredientes para o molho numa tigela pequena e deixe o arroz pronto.

DO QUE VOCÊ PRECISA

- 1½ colher (sopa) de óleo vegetal
- 1 dente de alho descascado e amassado
- 1 fatia de gengibre, mais ou menos do tamanho da moeda de 50 centavos, descascada
- Cerca de 85 g de lombo de porco cortado em cubinhos ou tirinhas
- 3 ou 4 champignons cortados

- 1 talo de salsão pequeno cortado em pedaços de mais ou menos 0,5 cm
- Cerca de 6 tirinhas de pimentão vermelho
- 1 colher (sopa) de xerez seco
- ¼ xícara de caldo de galinha ou água
- 1 pequeno punhado de ervilhas-tortas, sem os cordões, cortadas ao meio na diagonal

MOLHO

- 2 colheres (chá) de molho de soja
- 1 pitada de sal
- 1 pitada de açúcar

- 1 colher (chá) de amido de milho
- 1 colher (sopa) de água

DECORAÇÃO

- ½ colher (chá) de óleo de gergelim

- 1 punhado de castanhas-de-caju ou macadâmias (opcional)

Aqueça uma wok, se tiver. Caso contrário, use uma frigideira bem grande. Adicione metade do óleo vegetal e, quando estiver quente, adicione o alho e o gengibre. Mexa por 30 segundos, depois adicione a carne de porco e refogue em fogo alto por no máximo 1 minuto. Passe a carne para uma tigela e coloque o restante do óleo vegetal na wok. Adicione os champignons, o salsão e o pimentão e refogue por mais 1 minuto. Adicione o xerez e o caldo de galinha (ou água), acrescente as ervilhas-tortas, tampe e deixe cozinhar por mais ou menos 1 ½ minuto. Destampe e coloque a carne de porco de volta na panela. Misture os ingredientes do molho e adicione-o à wok. Refogue por alguns segundos para aquecer e misturar. Adicione o óleo de gergelim e polvilhe com as castanhas opcionais. Sirva numa tigela aquecida, acompanhado de arroz.

Variações

As possibilidades são infinitas. Experimente aspargos, ervilhas de vagem comestível, abobrinha, repolho-chinês, floretes de brócolis picados, cenouras em tiras, cebolinha, pimentas vermelhas. Cogumelos secos hidratados por 30 minutos são muito saborosos, bem como algumas pimentas fortes e feijão preto. E, é claro, você pode usar outras carnes vermelhas, frango ou frutos do mar nesse prato.

Bisteca de cordeiro assada com batatas

Eu adoro bistecas de cordeiro e não consigo resistir quando encontro uma embalagem com duas bistecas com pelo menos 2,5 cm de espessura no açougue. Caras? Sim, e eu não preciso de duas. Mas compro e reservo a porção não consumida para usar num cozido de lentilhas. É uma deliciosa segunda rodada.

60 *O prazer de cozinhar só para você*

DO QUE VOCÊ PRECISA

- 2 ou 3 batatas pequenas
- Azeite
- Sal
- 1 ou 2 bistecas grossas de lombo de cordeiro
- Pimenta-do-reino moída na hora
- 1 dente de alho
- 1 colher (sopa) de salsinha fresca picada

Cozinhe as batatas em água levemente salgada por 5 minutos. Escorra (não descasque), corte ao meio e passe um pouco de azeite e sal sobre elas. Esfregue sal, azeite e pimenta-do-reino nas bistecas também e distribua a carne e as batatas numa assadeira. Leve-as ao forno com grill preaquecido e asse por 4 minutos. Vire-as e asse por mais 3 minutos. Enquanto isso, prepare uma pasta de alho e sal (veja p. 61) e, após tirar as bistecas do forno, espalhe sobre elas. Deixe-as descansar por 1 ou 2 minutos enquanto você pica a salsinha. Espalhe salsinha sobre as bistecas e as batatas e pronto. Você está sozinho, então pode pegar a carne com a mão e remover até a carne do osso — é a melhor maneira. Reserve as sobras de bisteca para fazer Cordeiro com lentilhas (receita a seguir).

Variação

Asse as bistecas na churrasqueira. O tempo vai depender da intensidade do fogo, então observe com atenção. Quando a carne voltar rapidamente ao normal quando pressionada, estará pronta. Ou use um termômetro para carnes. A temperatura de um cordeiro malpassado não deve ficar além de 52° a 54° C.

Segunda rodada

Cordeiro com lentilhas

Talvez você tenha uma bisteca inteira que não conseguiu comer, ou só alguns pedacinhos. Não importa — a carne é apenas um acompanhamento para as lentilhas.

DO QUE VOCÊ PRECISA

- ½ xícara de lentilhas verdes
- 2 colheres (sopa) de bacon, pancetta ou prosciutto picado
- 1 chalota ou ½ cebola pequena picada
- 1 dente de alho pequeno descascado e fatiado
- ½ talo de salsão picado, ou a mesma quantidade de funcho
- Cerca de ¼ de 1 pimenta jalapeño pequena, ou pimenta vermelha, picada
- 2 colheres (chá) de azeite
- ¼ colher (chá) de tomilho seco
- ⅓ folha de louro
- Sobras de cordeiro cozido cortado em pedaços pequenos
- Sal

Lave e escorra as lentilhas. Numa panela pequena, refogue levemente no azeite o bacon, a chalota, o alho, o salsão e a pimenta jalapeño por cerca de 5 minutos, até os legumes ficarem macios. Adicione as lentilhas, o tomilho e a folha de louro e cubra com água. Deixe ferver, abaixe o fogo, tampe e cozinhe por cerca de 20 minutos, adicionando mais água se necessário. Adicione os pedaços de cordeiro. Salgue a gosto, cozinhe por mais 5 minutos, e o jantar está na mesa.

SOBRE O ALHO

Gosto de descascar e picar dentes de alho em vez de colocá-los num amassador. Dessa forma, você obtém mais polpa junto com o caldo. E, se desejar fazer uma pasta, apenas polvilhe sal no alho picado e, com a lateral da lâmina de uma faca, esprema o alho e o sal juntos.

O alho possui muitas facetas: cru, é forte; frito em óleo quente, pode ficar volátil, mas assado lentamente (veja na p. 151) se torna suave e amanteigado.

Fatias de paleta de cordeiro assadas

Scott Peacock, o jovem e talentoso chef do Alabama que trabalhou e cuidou da lendária cozinheira da Virginia, Edna Lewis, em seus últimos anos, me disse uma vez que uma das maiores lições que aprendeu com Edna foi "o modo como extraía lentamente a essência do sabor" dos ingredientes, fossem carne, frango, legumes ou uma mistura. Assar lentamente as fatias de paleta de cordeiro é um bom exemplo da técnica que Scott decifrou ao observá-la. Pouquíssimo líquido é usado, e, ao cobrir a carne com papel pardo e depois papel-alumínio, e ainda uma tampa bem vedada, nos certificamos de que os caldos que saem da carne não evaporem, mas caiam de volta na panela, penetrando na carne e nos legumes. Como resultado, se obtém uma intensidade de sabor impressionante. Adaptei a receita deles para fazer duas porções, não só porque as fatias de paleta costumam ser vendidas em embalagens com no mínimo duas unidades, mas porque o prato é tão bom que sempre quero usá-lo para uma segunda rodada. Toda vez que o preparo, desejo agradecer à Edna e ao Scott, que pareciam predestinados a cozinhar juntos para dar nova vida à culinária do sul dos Estados Unidos.

DO QUE VOCÊ PRECISA

- 2 fatias de paleta de cordeiro
- 2 colheres (chá) de manteiga
- 1 cebola grande cortada em fatias grossas
- 3 dentes de alho grandes descascados e cortados em lâminas
- Sal e pimenta-do-reino moída na hora
- 2 tomates médios, ou 4 tomates enlatados pelados, picados
- ¼ xícara de vinho tinto
- 1 folha de louro
- ½ xícara de feijão cozido (opcional)
- 1 punhado de salsinha fresca picada

Lave e seque bem as fatias de paleta. Aqueça a manteiga numa frigideira média e refogue as fatias de ambos os lados até dourar bem. Transfira-as para uma assadeira grande o bastante para que fiquem lado a lado. Doure a cebola na frigideira, raspando o fundo, e após 5 minutos adicione o alho, tempere com sal e pimenta-do-reino e cozinhe por mais 5 minutos.

Adicione os tomates picados, misture e retire do fogo. Salgue ambos os lados das fatias de paleta e tempere com pimenta-do-reino, dando cerca de 8 voltas no moedor. Despeje o conteúdo da frigideira sobre as fatias, adicione o vinho e a folha de louro. Cubra com papel pardo, ajustando para envolver bem, depois com uma camada de papel-alumínio, em seguida coloque uma tampa bem vedada e leve ao forno preaquecido a 150° C. Após 2 horas, retire a tampa e os papéis e remova um pouco da gordura. Adicione o feijão, se quiser, tampe novamente e volte ao forno por cerca de 25 minutos. Polvilhe a primeira porção com um pouco de salsinha.

OBSERVAÇÃO Por conveniência, sempre preparo este prato até o estágio final antes de adicionar o feijão. É fácil remover a gordura se a carne passar a noite na geladeira, então eu a reaqueço e adiciono o feijão 30 minutos antes de servir.

Segunda rodada

Você pode fazer um delicioso molho para macarrão com a segunda fatia de paleta de cordeiro cortada em pedacinhos e com todos aqueles sucos deliciosos. Gosto de colocar alguns cogumelos refogados também. Outra opção é adicionar a carne picada e os sucos a alguns corações de alcachofra cozidos junto com os cogumelos e espalhar tudo sobre uma porção de cuscuz. Aprecio polvilhar esse prato com bastante coentro picado.

Perna de cordeiro ao estilo marroquino com batata e ervilha

As pernas de cordeiro devem ser assadas lentamente, então gosto de preparar este prato suculento num fim de semana e depois fazer uma nova versão alguns dias depois. As pernas de cordeiro costumam ser vendidas em embalagens com duas, então é mais fácil comprar o pacote todo e fazer dois pratos. Adaptei esta receita

64 *O prazer de cozinhar só para você*

de Claudia Roden, que me ensinou a ter sempre na geladeira um pote de limões-sicilianos em conserva para dar um toque final a muitos pratos do Oriente Médio e do norte da África.

DO QUE VOCÊ PRECISA

- 2 colheres (chá) de azeite
- 1 cebola pequena picada
- 1 dente de alho grande descascado e fatiado
- 1 fatia de gengibre fresco, mais ou menos do tamanho da moeda de 50 centavos
- ⅛ colher (chá) de açafrão
- 2 pernas de cordeiro
- Sal e pimenta-do-reino moída na hora
- 3 ou 4 batatas pequenas

- ½ xícara de ervilhas frescas ou congeladas, previamente descongeladas
- 2 fatias de limão-siciliano em conserva (p. 239), com a polpa removida e a casca cortada em tirinhas
- 3 ou 4 azeitonas verdes sem caroço picadas
- Cerca de 1 colher (sopa) de salsinha e coentro frescos (opcional)

Aqueça o azeite numa panela ou frigideira pequena pesada, adicione a cebola, o alho, o gengibre e o açafrão e misture, então adicione as pernas de cordeiro. Cozinhe por cerca de 5 minutos em fogo baixo, mexendo com frequência e virando as pernas de cordeiro. Adicione água suficiente para cobrir e tempere com cerca de ½ colher (chá) e várias pitadas de pimenta-do-reino. Tampe e continue cozinhando em fogo baixo durante 1 ½ a 2 horas, até que a carne esteja bem macia. Verifique o nível de líquido e adicione mais água, se necessário, para cobrir. Adicione as batatas e cozinhe por 20 minutos. Então, adicione as ervilhas, o limão-siciliano em conserva e as azeitonas e cozinhe por mais 4 ou 5 minutos. Retire uma das pernas de cordeiro e as batatas e coloque num prato aquecido. Depois, com a escumadeira, junte todas as ervilhas e temperos e espalhe-os sobre a carne. Cubra com um pouco do caldo do cozimento (você usará apenas metade dele) e polvilhe com salsinha e coentro.

Variações

Tenho usado favas em vez de ervilhas, que demoram um pouco mais para cozinhar, então leve isso em conta. Se você não tiver limão-siciliano em conserva, industrializado ou caseiro, use algumas tirinhas da casca do limão-siciliano fresco. E não se preocupe se não tiver coentro fresco; somente a salsinha é suficiente. Não deixe de guardar as sobras do molho do cozimento.

Segunda rodada

Cuscuz com cordeiro, cebolas e uvas-passas

DO QUE VOCÊ PRECISA

- 2 colheres (sopa) de uvas-passas
- 1 cebola média fatiada
- 2 colheres (chá) de manteiga
- 1 colher (chá) de azeite
- 1 colher (chá) de mel

- A carne retirada das sobras da perna de cordeiro desfiada
- O que sobrou do molho da perna de cordeiro

PARA O CUSCUZ

- ½ xícara de cuscuz
- 1 boa pitada de sal
- 1 colher (chá) de manteiga

- 1 colher (sopa) de amêndoas inteiras branqueadas, descascadas e levemente tostadas

Deixe as uvas-passas de molho em água morna por cerca de 20 minutos. Enquanto isso, coloque a cebola fatiada numa panela pequena coberta com água e deixe ferver por aproximadamente 25 minutos, até que a cebola esteja macia e a água tenha evaporado. Adicione a manteiga, o azeite e o mel e cozinhe por mais 5 minutos, até dourar e caramelizar. Enquanto a cebola cozinha, prepare o cuscuz: ferva ¾ xícara de água numa panela pequena e adicione o cuscuz. Ferva por 1 minuto, coloque o sal e a manteiga, misture e tampe. Agora aqueça a carne de cordeiro em seu próprio molho.

Quando estiver tudo pronto, passe o cuscuz para um prato aquecido, umedeça com um pouco do molho do cordeiro e, em seguida, abra um buraco no cuscuz, colocando nele a carne e o restante do molho, junto com a mistura de mel, cebola e uvas-passas. Espalhe as amêndoas por cima.

Ensopado de cordeiro simplificado

Para um jantar, costumo servir pernil de cordeiro assado salpicado com dentes de alho e temperado com mostarda ao estilo francês. Sempre deixo a carne rosada — na verdade, sangrando perto do osso —, portanto boa para ser usada em qualquer prato que peça cordeiro cru. E eu sempre acabo tendo muitas sobras — é fácil esquecer que hoje em dia um pernil de cordeiro é bem grande. Escrevi sobre alguns dos meus experimentos com sobras de cordeiro no livro The Tenth Muse, *na seção "As nove vidas do pernil de cordeiro". Então, se você estiver no feliz impasse de ter muitas sobras dessa carne, você vai encontrar ali nove receitas que podem ser reduzidas para uma porção única. Não quero repeti-las aqui, mas experimentei este ensopado de cordeiro e achei delicioso.*

DO QUE VOCÊ PRECISA

- 1 colher (sopa) de óleo vegetal
- 1 cebola pequena, ou chalota grande, picada
- ¼ pimentão grande, vermelho ou verde, picado
- 6 a 8 pedaços com cerca de 2 cm de sobras de cordeiro assado retirados de perto do osso, onde a carne fica mais malpassada
- ½ colher (chá) de erva-doce
- Sal
- Suco de limão a gosto
- ¾ a 1 xícara de líquido para cozinhar (qualquer sobra de caldo da panela, ou caldo de galinha, cordeiro ou vitela)
- 1 colher (sopa) de coco ralado sem açúcar (opcional)

- 1½ a 2 colheres (sopa) de curry em pó
- 1 dente de alho descascado e picado

- ½ maçã ácida pequena descascada, sem sementes e cortada em fatias finas (opcional)

Aqueça o óleo numa panela pequena e refogue a cebola, o pimentão e o alho por 8 minutos, até amolecerem. Adicione os pedaços de cordeiro, a erva-doce e o curry em pó. Salgue levemente, adicione várias gotas de suco de limão e acrescente o líquido de cozimento. Tampe e cozinhe em fogo alto por 10 minutos, verificando se o líquido não está reduzindo rápido demais; se estiver, adicione mais líquido de cozimento ou água. Se decidir usar o coco e as fatias de maçã, adicione-os à panela nos últimos 5 minutos de cozimento. Prove e corrija o tempero, adicionando mais sal e suco de limão, se desejar. O molho deve estar espesso e cobrindo a carne. Sirva com arroz ou pão indiano e com uma Raita de pepino (p. 169).

Variação

Se você não tiver coco ralado ou maçã ácida em casa, use um punhado de uvas-passas. Nesse caso, aumente a quantidade de suco de limão.

Blanquette de veau com alho-poró

Este é um dos meus pratos favoritos; eu preparava sempre quando morava em Paris, no fim da década de 1940. Aprendi a simplificá-lo um pouco e preparar porções relativamente pequenas. Gosto muito de alho-poró, sem dúvida graças ao meu marido, galês, que o chamava de "aspargo dos pobres", e combina muito bem com a delicada vitela.

DO QUE VOCÊ PRECISA

- 1 colher (sopa) de manteiga
- Sal

- 1¼ xícara de caldo de galinha
- 2 talos grandes de alho-poró

68   *O prazer de cozinhar só para você*

- Cerca de 350 g de vitela sem osso para ensopado
- Farinha de trigo para empanar
- 1 chalota grande fatiada
- 1 jato generoso de vinho branco

PARA A FINALIZAÇÃO OPCIONAL

- ½ ovo grande (p. 122)
- 3 colheres (sopa) de creme de leite
- 1 punhado de salsinha fresca picada

- 1 bouquet garni composto de mais ou menos 8 talos de salsinha fresca, 3 grãos de pimenta-do-reino e ½ folha de louro
- 2 ou 3 batatas pequenas

- 2 tiras de limão-siciliano em conserva (p. 239), sem a parte branca, a casca cortada em cubinhos, ou ½ colher (chá) de suco de limão

Derreta a manteiga numa panela média pesada. Salgue levemente os pedaços de vitela e passe-os na farinha de trigo, removendo o excesso. Coloque-os na panela com a manteiga borbulhante. Frite em fogo médio por alguns minutos, virando-os até dourarem levemente de todos os lados. Adicione as fatias de chalota no último minuto de fritura. Coloque o vinho e deixe reduzir um pouco. Depois, adicione o caldo de galinha e o bouquet garni. Tampe e cozinhe em fogo baixo por 1 hora. Remova a parte verde do alho-poró e reserve para uma sopa. Lave bem os talos, corte-os em pedaços de 2,5 cm e adicione-os à vitela junto com as batatas, descascadas e cortadas ao meio. Cozinhe lentamente, com a panela semitampada, até as batatas ficarem macias — cerca de 20 minutos.

Agora você já pode degustar seu blanquette, mas, se quiser deixá-lo aveludado e bonito, eis o que deve fazer. (Primeiro remova 4 ou 5 pedaços de vitela, deixando na panela apenas o que vai consumir no jantar, e guarde-os junto com ¼ do caldo de cozimento.) Bata a metade do ovo numa tigela pequena até misturar, depois adicione lentamente o líquido quente do cozimento e o creme de leite. Leve de volta à panela com a vitela e aqueça lentamente, até engrossar. Polvilhe com o limão-siciliano em conserva e a salsinha.

Segunda rodada

Pique a vitela reservada em pequenos pedaços e faça uma massa com um molho rápido de vitela.

Língua de vitela fresca

Num sábado frio de janeiro, eu estava procurando uma receita diferente — algo suculento e que fornecesse um bom combustível e resultasse em agradáveis lembranças ao paladar. Para minha surpresa, encontrei língua de vitela fresca no açougue do supermercado perto de casa, e lembrei que, na minha infância, sempre tínhamos um pote de língua conservada em seu próprio caldo na nossa despensa. Era usada para preparar um belo sanduíche para o almoço, e de repente senti falta de algo assim.

Primeiro eu tinha de preparar a língua, porque infelizmente línguas em conserva são coisa do passado. A língua era pequena, mais ou menos meio quilo, e parecia fresca. Mas, como estava embalada à vácuo, não pude sentir o cheiro. Sempre me lembro do conselho de Julia Child: Ao chegar ao caixa, rasgue o plástico da embalagem e, se o cheiro do peixe ou da carne não for fresco, não pague pelo produto. Eu não estava disposta a tal confronto naquele dia, mas felizmente, quando cheguei em casa, a língua passou no teste. Primeiro a esfreguei sob água corrente e depois deixei de molho em água por 1 hora, junto com 1 colher (sopa) de sal.

DO QUE VOCÊ PRECISA

- 1 língua de vitela fresca com cerca de ½ kg
- 1 cebola média fatiada
- 2 colheres (chá) de sal
- 2 folhas de louro
- 8 a 10 grãos de pimenta-do-reino
- 3 ou 4 fatias de limão-siciliano

Após esfregar e deixar a língua de vitela de molho, coloque-a numa panela grande e cubra com água fria. Adicione a cebola e os temperos, deixe ferver. Então, abaixe o fogo e cozinhe durante 45 minutos. Deixe a língua esfriar no líquido até que consiga segurá-la e remova toda a pele externa que a recobre. Passe o caldo por uma peneira e reserve-o. Agora, vamos assar estes legumes como acompanhamentos:

- 2 colheres (sopa) de manteiga
- 1 cebola média cortada em pedaços
- 3 ou 4 cenouras finas cortadas em rodelas
- Um pouco de vinho Madeira
- 1 tubérculo como nabo, pastinaca, ou 1 pedaço de salsão descascado e cortado em pedaços (opcional)
- 2 ou 3 batatas pequenas cortadas ao meio

Derreta a manteiga na panela em que você está cozinhando a língua e refogue os legumes por cerca de 1 minuto. Adicione o vinho Madeira, deixe reduzir um pouco e coloque a língua sobre ele. Adicione cerca de ¾ xícara do líquido do cozimento ao redor da língua, cubra com papel-alumínio e tampe a panela. Então, leve ao forno preaquecido a 160° C para assar por 1 hora, verificando uma vez para ver se há líquido suficiente. Adicione mais líquido de cozimento se necessário. Os legumes devem estar úmidos, mas não nadando em líquido. Quando estiver pronto, corte 3 ou 4 fatias diagonais e coloque-as num prato aquecido, cercadas pelos legumes.

Segunda rodada

Experimente um sanduíche de língua com alface, maionese e mostarda de Dijon, acompanhado de picles.

Terceira rodada

Aqueça levemente as fatias de língua que sobrarem e sirva-as em Molho gribiche morno (p. 167).

Pequeno bolo de carne com um toque francês

Recentemente, encontrei um pacote na seção de carnes do supermercado do meu bairro contendo 150 g de cada tipo de carne — bovina, suína e de vitela —, o suficiente para preparar um pequeno bolo de carne para duas pessoas, ou para uma que fique feliz com as sobras. Fiquei extasiada, não só porque queria fazer um bolo de carne pequeno e era difícil conseguir a mistura em pouca quantidade, mas também porque senti que aquilo era um sinal dos tempos. Talvez os supermercados finalmente estejam entendendo que muitas pessoas moram sozinhas e têm necessidades próprias, em vez de nos obrigar a comprar mais do que precisamos. Então levei o pacote para casa e fiz este bolo de carne, adicionando alguns sabores franceses para incrementá-lo.

DO QUE VOCÊ PRECISA

- 150 g de carne bovina moída
- 150 g de carne suína moída
- 150 g de vitela moída
- 2 dentes de alho grandes
- 1 colher (chá) de sal, ou mais, se necessário
- 2 chalotas ou 1 cebola pequena
- 4 ou 5 talos de salsinha fresca

- 1 colher (chá) de porcini seco (não precisa deixar de molho)
- ¼ colher (chá) de ervas de Provence
- ¼ xícara de vinho tinto ou branco
- Pimenta-do-reino moída na hora
- ½ folha de louro
- 1 fatia de bacon

LEGUMES PARA ACOMPANHAMENTO

- Azeite
- Sal
- 2 batatas pequenas cortadas em 8 pedaços no sentido do comprimento

- 2 cenouras finas descascadas
- 1 nabo pequeno descascado e cortado ao meio, ou outro tubérculo preparado da mesma forma

Na noite anterior de quando você planeja comer o bolo de carne no jantar, coloque as carnes numa tigela. Separe os dentes de alho, descasque e pique-os bem, depois, com a lateral de sua faca de chef, amasse-os com ¼ colher (chá) de sal até formar uma pasta. Pique as chalotas e a salsinha e esmigalhe o porcini. Adicione todos esses temperos às carnes, junto com as ervas de Provence, o vinho, várias pitadas de pimenta-do-reino moída na hora e o restante do sal. Misture bem com as mãos, apertando a carne com os dedos. Quando estiver tudo bem misturado, cubra a tigela com filme plástico e deixe marinar na geladeira durante 24 horas.

No dia seguinte, retire a carne da geladeira e corte um pedacinho. Frite-o rapidamente numa frigideira pequena e prove para ver se precisa de mais tempero. Se sim, adicione o que for necessário. Modele o bolo de carne. Rasgue a folha de louro em 3 pedaços e coloque-os sobre o bolo; depois faça o mesmo com a fatia de bacon, também cortada em 3 pedaços. Transfira o bolo para uma assadeira média. Passe um pouco de azeite e sal sobre os legumes que escolher como acompanhamento e distribua-os ao redor do bolo. Asse em forno preaquecido a 180° durante 45 a 50 minutos, virando os legumes uma vez.

Tudo estará pronto quando a carne estiver levemente dourada e os legumes macios (a temperatura interna do bolo de carne deve ser de mais ou menos de 65° C). Deixe descansar por pelo menos 5 minutos, depois corte 3 ou mais fatias e distribua-as num prato aquecido, com os legumes ao redor da carne e o caldo por cima.

Segunda rodada

Sobras de bolo de carne ficam boas frias — mas não geladas demais. Servidas com um pouco de mostarda de Dijon, picles e 1 taça de vinho tinto, ficará quase parecida com um patê rústico francês.

Uma fatia de presunto assado

Costumávamos ganhar de presente de Natal de James Beard um autêntico presunto inteiro do Sul dos Estados Unidos, e ele nos alimentava durante todos os meses de inverno. Mas não é fácil para alguém que mora sozinho consumir tanto presunto. Minha solução é comprar uma fatia de mais ou menos 450 g e assá-la. Posso usá-la nesta antiga receita de família, que acaba com o sabor aguado e excessivamente salgado da maioria dos presuntos industrializados e dá um sabor maravilhoso à carne. Você pode comer algumas fatias na primeira noite e as sobras podem ser utilizadas de várias maneiras.

DO QUE VOCÊ PRECISA

- 1 fatia de presunto com cerca de 450 g*
- Cerca de 1 colher (sopa) de mostarda de Dijon
- Leite (até 1 xícara)

- 3 ou 4 folhas de sálvia frescas, se disponíveis, ou 3 secas, ou ainda 1 pitada de alecrim seco
- 2 a 3 colheres (chá) de açúcar mascavo

* O ideal é usar uma fatia com pelo menos 2,5 cm de espessura, mas é difícil encontrar, portanto costumo comprar a fatia do supermercado, que tem pouco mais de 1 cm de espessura. Se o açougueiro cortar a fatia mais grossa, dê preferência a ela. Provavelmente pesará quase um quilo, mas você pode usar o presunto de várias maneiras.

Coloque o presunto numa assadeira rasa na qual caiba apenas a fatia e passe a mostarda por cima. Derrame o leite ao redor, o suficiente para quase cobrir a superfície, coloque as folhas de sálvia por cima e polvilhe com o açúcar. Asse em forno preaquecido a 180° C por 1 hora, abrindo o forno de vez em quando e banhando a fatia com um pouco de leite.

A primeira porção deste prato ficará muito saborosa com purê de nabo (ou outro tubérculo) misturado com batatas.

Segunda rodada

Existem muitas outras sugestões para usar as sobras de presunto nas páginas deste livro.

PEIXES E FRUTOS DO MAR

Tente se aventurar um pouco e comprar peixe fresco. Não é muito fácil se você não mora perto de um bom mercado de peixes. Mas há cada vez mais supermercados que vendem produtos frescos que estão pensando no cozinheiro solitário e oferecem um filé ou posta para uma porção única.

Vermelho de cativeiro com funcho, cebolinha e pimentão vermelho

Recentemente vi algo com um rótulo que dizia "Vermelho do lago Vitória (Quênia) criado em cativeiro", e, através da embalagem, parecia brilhante e fresco. Como a fatia, com menos de 450 g, estava suculenta e sem muita gordura, achei que ficaria boa assada com legumes. Por acaso, eu tinha metade de um funcho pequeno na geladeira e alguns pimentões assados (daqueles que vêm em potes, ótimos para ter na despensa, ou faça os seus em casa [veja na p. 239]), então decidi fazer uma cama com eles e, quando estavam parcialmente macios, adicionei o peixe e deixei tudo terminar de assar junto. Ficou particularmente delicioso com sobras de batatas cozidas douradas em gordura de pato.

DO QUE VOCÊ PRECISA

- ½ bulbo de funcho pequeno (reserve as folhas)
- 1 colher (sopa) de azeite
- Sal e pimenta-do-reino moída na hora
- 1 fatia grossa de vermelho, de 250 g a 300 g
- 2 cebolinhas picadas

- 1 boa pitada de ervas de Provence
- 3 ou 4 fatias largas de pimentão vermelho assado
- ¼ xícara de vinho branco
- 3 azeitonas pretas sem caroço picadas
- 1 punhado de salsinha fresca e folhas de funcho picadas

Corte o funcho em fatias bem finas. Se tiver um fatiador tipo mandolin, melhor ainda. Aqueça o azeite numa frigideira pequena e adicione os pedaços de funcho. Tempere com sal e pimenta-do-reino e cozinhe em fogo muito baixo. Se o funcho começar a queimar e a secar, adicione um pouco de água. Quando começar a amolecer, após cerca de 5 minutos, afaste o funcho do fundo da frigideira e coloque o peixe, temperado com sal e pimenta-do-reino. Adicione a cebolinha, as ervas de Provence e espalhe o pimentão vermelho por cima. Adicione o vinho e cozinhe de 5 a 6 minutos, com a frigideira tampada, virando uma vez e adicionando as azeitonas no último minuto de cozimento. Decore com a salsinha e as folhas de funcho picadas.

Segunda rodada

Se você tiver o olho maior que a barriga, o que geralmente acontece comigo, retire um pedaço do peixe, de preferência da lateral, mais fino e que cozinha mais rápido, e prepare esta salada de peixe: Corte o peixe cozido em pedacinhos e tempere-o com Molho verde de inverno (p. 166). Sirva com pepinos, tomates e mais azeitonas, e com 1 ovo cozido e algumas folhas para um almoço mais substancioso.

Robalo assado com batatas e abobrinha

Este é um bom prato para o verão, quando há abobrinha em abundância e as batatas estão delicadas.

DO QUE VOCÊ PRECISA

- 1 robalo inteiro, com cerca de 500 g a 700 g
- Sal
- Azeite
- 3 ou 4 batatas pequenas
- 2 cebolinhas picadas
- 2 colheres (sopa) de salsinha fresca picada misturada com outras ervas frescas, como endro ou estragão

- 1 abobrinha de pequena a média
- Pimenta-do-reino moída na hora
- Suco de 1 limão-siciliano

Preaqueça o forno a 200° C.

Lave e seque o peixe e esfregue um pouco de sal e azeite nele. Descasque as batatas e corte-as em 4 no sentido do comprimento. Corte a abobrinha ao meio e depois em pedaços de 3 cm. Misture a abobrinha e as batatas com um pouco de azeite e tempere com sal e pimenta-do--reino. Espalhe-as no fundo de uma assadeira oval grande o bastante para acomodar o peixe. Preencha a cavidade do robalo com as cebolinhas e as ervas, tempere com um pouco de suco de limão-siciliano e sal e coloque o peixe sobre os legumes. Asse de 25 a 30 minutos, até que a carne do robalo esteja opaca.

Sugestões para a segunda rodada

É provável que você tenha sobras de peixe, então prepare alguns Bolinhos de peixe (p. 78) mais para o fim da semana, ou use as numa salada fresca (veja na p. 164).

Filé de peixe no papelote

Fazer um envelope de papel para assar um filé de peixe cercado por legumes aromáticos pode parecer sofisticado demais para uma única pessoa, mas cozinhar no papelote é uma das formas mais simples e eficientes de assar com vapor, pois lacra os sabores. É uma iguaria ter aquele envelope de papel dourado inflado no seu prato e então abri-lo e sentir os aromas deliciosos. Além disso, não haverá o que limpar depois. Apenas limpe o tapete de silicone e jogue o papel fora após ter consumido até o último e delicioso bocado.

Se quiser que esta receita renda apenas uma refeição, compre 1 filé de 170 g de linguado, halibute, salmão, pargo-vermelho, o que lhe parecer melhor. Ou, como fiz recentemente, experimente tilápia, que é fácil de encontrar e tem bom preço.

Mas eu comprei quase o dobro da quantidade de que precisava, então pude brincar com a outra metade do filé assado alguns dias depois.

Eu aprendi com Katy Sparks, cujo livro, Sparks in the Kitchen, *está cheio de ótimas dicas de chef para quem cozinha em casa, como preassar várias fatias de batatas para que possam assar no papelote. Assim você tem uma refeição completa e balanceada assada de uma só vez.*

DO QUE VOCÊ PRECISA

- Azeite
- 2 ou 3 batatinhas miúdas, cortadas em fatias de 1 cm
- Sal e pimenta-do-reino moída na hora
- 1 filé de linguado, halibute, tilápia, salmão ou pargo--vermelho com 170 g, ou mais, se quiser sobras
- Mais ou menos ⅓ de 1 abobrinha média cortada em tirinhas
- ½ cenoura média descascada e cortada em tirinhas finas

- 1 cebolinha, a parte branca e a parte verde mais macia cortada em tiras no sentido do comprimento
- 3 fatias de gengibre fresco, do tamanho da moeda de 50 centavos, descascadas e cortadas em tirinhas
- Um pouco de vinho branco
- 1 punhado de ervas frescas, se disponíveis (como salsinha, cebolinha-miúda, estragão ou segurelha)

Preaqueça o forno a 220° C.

Unte levemente com azeite o centro do seu tapete de silicone, posicionado numa assadeira, ou se não tiver um unte 1 pedaço de papel--alumínio. Espalhe as fatias de batata sobre a área untada, depois vire-as. Tempere com sal e pimenta-do-reino. Asse no forno preaquecido por 10 minutos, virando uma vez.

Enquanto isso, corte um quadrado de mais ou menos 45 cm de papel pardo e dobre-o ao meio. Abra-o e, numa das metades, coloque o peixe ao longo da dobra, depois de temperá-lo com sal e pimenta-do--reino de ambos os lados. Coloque a abobrinha, a cenoura, a cebolinha e o gengibre em cima do peixe, tempere com sal e pimenta-do-reino e regue levemente o filé com o vinho. Depois que as fatias de batata préassaram por 10 minutos, coloque-as por cima e ao redor do peixe e polvilhe as ervas sobre tudo. Dobre a outra metade do papel sobre o peixe, dobre a borda aberta duas vezes e enrole a volta toda para fazer um pacote lacrado semicircular. Se as bordas começarem a abrir, prenda-as com um clipe de papel grande. Coloque na assadeira e leve ao forno por 12 minutos. Se o filé for grosso, talvez seja preciso assá-lo por mais 1 ou 2 minutos. Teste com um palito: se ele entrar facilmente, o peixe está pronto. Coloque todo o pacote num prato grande e bom apetite.

OBSERVAÇÃO Caso decida preparar mais peixe do que precisa, retire o que não vai consumir na primeira vez e guarde para a segunda rodada.

Segunda rodada

Você pode preparar uma deliciosa salada com o restante do peixe. Faça uma cama de folhas de agrião ou rúcula numa travessa de salada e coloque o peixe por cima. Espalhe 2 ou 3 colheres (sopa) de Molho gribiche sobre o peixe (veja p. 167), ou, se não tiver esse molho, use cerca de 2 colheres (sopa) de maionese misturada a um pouco de iogurte natural ou suco de limão e temperada com 1 picles pequeno bem picado e ½ colher (chá) de alcaparras. Decore com tiras de pimentão vermelho assado — feito em casa (veja na p. 239) ou pronto —, azeitonas pretas e tomates-cereja. Ou experimente a receita de Salada de peixe da página 164. São apenas sugestões. Use sua imaginação, baseado no que tem à disposição.

Bolinhos de peixe

Os pedacinhos de peixe que você não consumiu, ou reservou deliberadamente para outra refeição, ganham vida nova nestes deliciosos bolinhos de peixe. A regra é usar partes iguais de peixe assado e batatas. Se o peixe que estiver usando for frito, raspe a casca externa para removê-la, porque você quer que os bolinhos fiquem macios por dentro.

DO QUE VOCÊ PRECISA

- ⅔ a ¾ xícara de peixe assado, ou frito, desfiado
- ⅔ a ¾ xícara de purê de batatas
- 1 ou 2 cebolinhas, incluindo a parte verde tenra, bem picadas
- Gengibre fresco ralado
- Sal e pimenta-do-reino moída na hora
- Manteiga e/ou azeite para fritar

Misture o peixe e o purê de batatas com um garfo, depois adicione os demais ingredientes. Talvez você deva começar com cerca de ¼ colher (chá) de gengibre ralado, o que realça os sabores, mas use mais se desejar. Forme 2 bolinhos com a mistura. Aqueça 1 colher (sopa) de manteiga ou azeite (sempre prefiro uma mistura de ambos, para que a manteiga não queime) e, quando estiver borbulhando, adicione os bolinhos de peixe e frite em fogo médio por 4 minutos de cada lado.

Variações

Varie os temperos. A azedinha fica excelente com salmão, mas primeiro você tem de refogar 1 punhado de folhas num pouco de manteiga, até que murchem e fiquem verde-acinzentadas, depois pique-as e misture ao peixe com batatas. Estragão, cebolinha-miúda e endro frescos também são bons complementos. E, se quiser bolinhos crocantes, pincele-os com 1 ovo batido e passe-os em panko, aquele maravilhoso farelo de pão japonês que forma uma casquinha crocante.

Camarão refogado

Sempre faço este prato simples com camarão, mas só recentemente descobri como fica bom servido sobre um leito de farro (veja na p. 193), que Lidia Bastianich me apresentou. Também fica delicioso com arroz, mingau de canjica ou polenta. Com a quantidade a seguir, você terá duas boas refeições.

80   *O prazer de cozinhar só para você*

DO QUE VOCÊ PRECISA

- Cerca de 300 g de camarões médios
- 1 dente de alho grande descascado e fatiado fino
- Sal e pimenta-do-reino moída na hora

- 2 colheres (sopa) de azeite
- Um pouco de vinho branco ou vermute seco
- 1 punhado de salsinha fresca picada (ou manjericão ou estragão, se disponível)

Descasque o camarão e mantenha a cauda intacta, caso goste de segurá--lo por ela e sugar a carne. Remova as tripas escuras. Aqueça o azeite numa wok ou panela pesada, adicione o alho e mexa por cerca de 1 minuto, sem dourá-lo. Depois adicione o camarão, tempere com sal e pimenta--do-reino e refogue por cerca de 2 minutos, até que a carne fique opaca e rosada. Adicione o vinho, deixe reduzir um pouco, espalhe a salsinha e/ou ervas por cima. Estarão prontos para servir.

Variação

Para fazer um prato mais substancioso, adicione vários cogumelos (cortados ao meio, se forem grandes) e refogue-os com o alho por 2 ou 3 minutos. Ao adicionar o camarão, acrescente ¼ xícara de ervilhas congeladas ou 1 punhado de ervilhas-tortas e cebolinhas, fatiadas no sentido do comprimento. Quando estão na época, pedaços de aspargos também combinam.

Segunda rodada

Uma boa salada de camarão sempre vai bem. Você também pode reaquecer o camarão e adicionar tomates maduros picados ou um tomate enlatado com um pouco do suco, para fazer um molho de macarrão. Recentemente, me vi com algumas sobras de camarão refogado. Cozinhei fatias finas de funcho num pouco de azeite até ficarem macias, adicionei cerca de 6 camarões e servi sobre polenta instantânea, para ter um jantar rápido.

Salmão selado

O salmão deve ser um dos peixes mais preparados por aí. É fácil de encontrar, rápido de preparar e pode ser temperado de várias maneiras. Eu sempre compro uma quantidade maior do que preciso, assim tenho sobras para o dia seguinte. Para mim, selar o filé de ambos os lados na frigideira e finalizá-lo rapidamente no forno é uma boa maneira de manter esse peixe saboroso por fora e suculento por dentro.

DO QUE VOCÊ PRECISA

- Azeite de oliva
- Sal e pimenta-do-reino moída na hora
- 230 g a 300 g de filé de salmão
- Decoração: fatias de limão--siciliano e manteiga, ou pesto

Passe um pouco de azeite, sal e pimenta-do-reino de ambos os lados do salmão. Aqueça uma frigideira média pesada até quase fumegar e adicione o filé com a pele para baixo. Sele em fogo alto por cerca de 2 minutos, depois vire e sele o outro lado por 1½ minuto. Coloque a frigideira no forno preaquecido a 180° C e deixe assar por mais ou menos 5 minutos. Corte um pedaço do peixe para ver se está no ponto desejado. Decore o salmão que você for consumir com um pouco de manteiga e suco de limão-siciliano ou 1 colher de pesto.

Gosto muito de salmão com aspargos assados temperados com vinagrete de gergelim (veja na p. 147), para que esses sabores asiáticos penetrem no peixe.

Segunda rodada

Você pode usar as sobras de salmão de várias formas: em uma panqueca de milho (p. 140), em uma salada ou sanduíche, em um Kedgeree, um prato britânico com arroz (p. 180), ou talvez um Bouillabaisse da Nova Inglaterra (p. 101).

Anchova ou cavala assada em cama de corações de alcachofra e batatas

Anchova e cavala são peixes gordurosos e ficam ótimos assados, principalmente quando o filé fica sobre uma cama de legumes deliciosos e eles trocam sabores. Também aprecio este prato porque usa apenas uma travessa. Se for uma bela travessa que vai ao forno, ela pode ir direto à mesa. Caso contrário, retire tudo com a espátula e sirva num prato aquecido.

DO QUE VOCÊ PRECISA

- 2 colheres (chá) de azeite
- ½ cebola média fatiada
- 2 ou 3 batatas pequenas
- Cerca de 8 corações de alcachofra frescos ou congelados
- Sal
- 1 tomate pequeno ou ½ tomate médio, picado

- 1 filé de 280 g a 360 g de anchova ou cavala
- Pimenta-do-reino moída na hora
- 1 punhado de salsinha fresca picada e endro, ou estragão, se disponível (caso contrário, 1 pitada do tempero seco)
- 1 fatia de limão-siciliano

Aqueça o azeite numa frigideira ou travessa grande para acomodar o filé (ele pode ser cortado em dois). Coloque a cebola e refogue-a por 2 a 3 minutos, depois adicione as batatas. Acrescente ½ xícara de água e tampe, deixando ferver por 15 minutos e verificando para garantir que haja um pouco de água. Adicione os corações de alcachofra frescos ou congelados e tampe novamente, para que fervam por 5 minutos, ou até ficarem quase macios. Tempere com sal e adicione o tomate picado. Deixe cozinhar até que o tomate tenha soltado seu suco. Retire do fogo. Esfregue sal e pimenta-do-reino no filé e coloque-o, em 2 pedaços se necessário, sobre os legumes. Leve a frigideira ou travessa ao forno com grill e asse de 8 a 10 minutos, dependendo da espessura do peixe. Teste com o garfo após 8 minutos; a carne não deve estar resistente. Guarde uma porção para a segunda rodada, polvilhe as ervas sobre o que vai consumir e sirva com 1 fatia de limão-siciliano.

Segunda rodada

Esse é outro peixe que fica ótimo numa salada (veja nas pp. 75 e 78).

Branzino assado (Loup de mer)

Quando vi este belo peixe inteiro no mercado, com cerca de ½ kg, achei que ficaria muito bom assado, e foi o que eu fiz. Adoro preparar um peixe inteiro sozinha, pois é um trabalho que faz uma agradável sujeira. Pedi ao açougueiro que deixasse a cabeça depois de limpar o peixe, pois queria degustar as bochechas, como o marido de Irene Kuo me ensinou a fazer quando fomos a um restaurante chinês comemorar a publicação do livro dela, The Key to Chinese Cooking. *Ele removeu cuidadosamente as bochechas do peixe e as ofereceu a mim de maneira cerimoniosa.*

DO QUE VOCÊ PRECISA

- Azeite
- Sal
- 1 branzino inteiro limpo
- 1 punhado de folhas de coentro fresco
- 3 ou 4 cebolinhas sem as folhas
- 1 ou 2 tirinhas de pimenta picante, como a jalapeño
- ½ limão-siciliano

Esfregue um pouco de azeite e sal no peixe. Preencha a cavidade com o coentro, as cebolinhas e a pimenta. Corte 3 fatias bem finas de limão-siciliano, corte-as ao meio e espalhe por cima do peixe. Asse em forno preaquecido a 220° C durante 25 minutos. Sirva com 1 fatia de limão-siciliano (a propósito, as tirinhas de limão assadas devem ser degustadas, eu acho que ficam deliciosas). Um prato de batatas, como o feito para Julia (p. 135), combina bem com esse peixe, da mesma forma que qualquer outro legume assado junto com ele.

Segunda rodada

Se não consumir o peixe inteiro, as sobras ficam ótimas num Kedgeree britânico (p. 180).

MEXILHÕES

Adoro mexilhões, e gosto de preparar cerca de 1 kg. Então, depois de um banquete inicial, eu tenho sobras suficientes para preparar de diferentes maneiras. Ed Giobbi me disse que, menos de sessenta anos atrás, esses deliciosos moluscos eram considerados lixo de peixe na Nova Inglaterra e os únicos que os apreciavam eram da primeira geração de italianos e portugueses. Só provei mexilhões com vinte e poucos anos, quando fui à França.

Quando Ed estava escrevendo seu livro *Pleasures of the Good Earth*, pedi que incluísse esta história sobre a caçada a mexilhões quando ele era menino. Foi isto que escreveu:

> Durante a Depressão, meu pai, meu padrinho, Tomasso, o pai dele e amigos iam de carro até New Haven, em Connecticut, coletar mexilhões. Eles faziam isso durante boa parte do ano e reuniam os mexilhões em grandes cestos, trazendo-os para casa sobre o estribo do Ford Modelo T de um deles. Meu pai costumava me levar e me lembro de todas as descobertas maravilhosas que eu fazia enquanto coletava mexilhões. As fascinantes piscinas naturais repletas de vida, os caramujos, as estrelas do mar e um esporádico caranguejo ferradura — era um mundo muito diferente da cidade industrial onde morávamos. As mulheres aguardavam nosso retorno. Então, elas lavavam os mexilhões, rindo e fofocando o tempo todo — e preparavam molhos e recheios para eles. Os homens abriam os mexilhões com canivetes (e todos tinham esse

instrumento) enquanto bebiam o vinho do meu pai, fumavam charuto italiano e conversavam sobre seu jardins e seus próprios vinhos.

Acho que me lembro dessas ocasiões porque eram alegres, e costumo pensar na Depressão com certa nostalgia. A reunião e a preparação da comida era um trabalho em grupo e todos eram amáveis e abertos. Talvez seja por isso que eu tenha um respeito especial pela comida.

Hoje os mexilhões são tão apreciados que são cultivados no mundo todo, e geralmente são mais carnudos e suculentos que a variedade selvagem. Também têm menos fiapos e dejetos, o que os torna mais fáceis de limpar.

Mexilhões cozidos no vapor

Mexilhões cozidos no vapor são deliciosos para comer sozinho, lentamente, removendo a carne suculenta das conchas da forma que desejar e molhando pedaços de pão francês no delicioso líquido.

DO QUE VOCÊ PRECISA

- 1 kg de mexilhões
- 2 chalotas grandes
- ¾ xícara de vinho branco
- Salsinha fresca picada

Lave os mexilhões e escove-os se estiverem com detritos. Remova quaisquer fiapos. Pique as chalotas, coloque-as numa panela grande pesada e adicione o vinho. Deixe ferver e então cozinhe por 2 minutos, para reduzir o vinho levemente. Acrescente os mexilhões. Tampe a panela e cozinhe em fogo alto até que todas as conchas tenham aberto (se alguma se mantiver fechada, descarte-a). Transfira para um prato aquecido quantos mexilhões seu apetite desejar, espalhe um punhado de salsinha picada sobre eles e derrame quase todo o líquido por cima.

Retire o restante dos mexilhões das conchas e coloque junto com o caldo num recipiente que vá à geladeira, reservando cerca de 1 dúzia de conchas bonitas.

Segunda rodada

AO ESTILO CHINÊS

Retirei a ideia para esses temperos do encantador livro de Ken Hom, *Easy Family Recipes from a Chinese-American Childhood*. Ele recorda como sua família consumia essa iguaria, usando pauzinhos e com uma tigela de arroz como acompanhamento. Então, se quiser fazer o mesmo, prepare primeiro o arroz (veja na p. 169). Coloque o líquido dos mexilhões restantes numa panela pequena. Você vai precisar de cerca de ½ xícara; se não tiver o suficiente, adicione um pouco de caldo de galinha light para completar. Corte 1 dente de alho médio em lascas e adicione ao líquido. Rale um pouco de gengibre fresco — cerca de ½ colher (chá) — diretamente na panela, adicione ½ colher (chá) de curry, um pouquinho de xerez seco, 2 colheres (chá) de molho de soja e 1 pitada generosa de açúcar. Deixe abrir fervura e cozinhe por alguns minutos, depois adicione a maioria dos mexilhões restantes (você deve reservar 8 ou 12, dependendo do tamanho, para a terceira rodada). Cozinhe por tempo suficiente para aquecer os mexilhões, depois sirva-os sobre arroz morno. Espalhe por cima 1 cebolinha picada e 1 colher (sopa) de coentro ou salsinha picada.

Terceiras rodadas

NA CONCHA COM TEMPERO

Aprecio degustar os mexilhões restantes banhados num molho gelado e colocados de volta na concha. É um belo aperitivo para servir para uma visita ou saborear sozinho. Prepare um vinagrete com 2 colheres (sopa) de vinagre de vinho tinto, 1 boa pitada de sal e 2 colheres (sopa) de azeite. Adicione ¼ de um pimentão vermelho em cubinhos, 2 cebolinhas picadas, ½ ovo cozido picado e algumas colheres (sopa) de salsinha picada (se tiver um pouco de estragão, fica ótimo também). Deixe os mexilhões marinando nesse molho por cerca de 1 hora, ou até de um dia para o outro. Com a colher, coloque os mexilhões nas conchas reservadas. Você pode colocar dois em cada concha, se forem pequenos. Espalhe o restante do vinagrete por cima deles. Para comer, sugue o mexilhão da concha.

À L'ESCARGOT

Às vezes, prefiro mexilhões quentes em vez de gelados. Recentemente os vi no cardápio de um bistrô em Paris servidos em manteiga de escargot e pedi o prato. Vieram num prato para escargot nadando em manteiga de alho, e estavam deliciosos, melhores do que as lesmas costumam ser. Então, é claro que os preparo dessa maneira desde então.

Para a manteiga de escargot: Amasse 2 colheres (sopa) de manteiga com 1 dente de alho grande e 1 chalota, ambos bem picadinhos, depois secos dentro de um pano de prato torcido. Adicione pimenta-do-reino a gosto e cerca de 1 colher (sopa) de salsinha fresca picada. Depois, tudo que você precisa fazer é inserir 1 ou 2 mexilhões, dependendo do tamanho, nas cavidades do prato para escargot e cubrir com cerca de ½ colher (chá) da manteiga. Preencha o prato para escargot o quanto desejar e leve ao forno aquecido a 200° C, assando até que o conteúdo esteja quente e borbulhante — cerca de 5 minutos. Se a manteiga sobrar, fica ótima com qualquer tipo de peixe ou frutos do mar e até com legumes. Faça o dobro na próxima vez se desejar ter sempre essa manteiga à mão. Também pode ser congelada.

2

Sopas para todas as estações

Caldo de galinha

Caldo de carne (feito com ossobuco e rabo de boi)

GUARDANDO CALDO EM FORMAS DE GELO

SUBSTITUTOS PARA CALDOS CASEIROS

Sopa básica de legumes

Sopa de alho-poró e batata

   Variação: Sopa de azedinha

Sopa de cogumelos

Sopa de abóbora

Sopa avgolemono

Sopa de lagosta

Bouillabaisse da Nova Inglaterra

Sopa de feijão para o inverno

Sopa fria de pepino e iogurte

Sopa fria de melancia

Sopa de blueberry

Uma boa sopa pode ser uma bela refeição. Elas são ótimas para usar sobras de legumes, caldos de carne, pedacinhos de alimentos e até a casca que sobrou de um queijo parmesão. Muitas pessoas tendem a desperdiçar por causa da abundância a que estão acostumadas, mas em muitas partes do mundo os bons cozinheiros são econômicos e se orgulham de preparar algo com quase nada. Eu lembro como Jacques Pépin, quando trabalhava com Julia em seu programa de TV, não se conformava em jogar todas as sobras fora. Ele disse que sempre tinha uma embalagem de leite vazia na cozinha e colocava nela todas as peles, talos e cascas e depois congelava. Quando a embalagem estava cheia e Pépin queria fazer uma sopa, ele a retirava do freezer, rasgava e colocava o conteúdo na panela de sopa. Não é má ideia para o cozinheiro solitário, ainda mais nesta época em que os alimentos estão cada vez mais caros.

Caldo de galinha

Não jogue fora a carcaça do frango ou o pacote de miúdos. Esta é uma receita de caldo de galinha simples que você vai usar em todos os tipos de sopas. Vai render apenas 4 xícaras, mais ou menos, então talvez você prefira congelar as partes do frango até ter o bastante para fazer pelo menos o dobro disso.

DO QUE VOCÊ PRECISA

- Carcaça de frango*
- 1 pacote de miúdos e pescoço de frango
- 1 cebola cortada em 4
- 1 cenoura pequena
- 1 talo de salsão
- Vários talos de salsinha fresca
- Sal

> * De preferência ainda crua, mas, se tiver apenas a carcaça assada ou cozida, não deixe de usá-la. No entanto, adicione algumas partes frescas cruas, como miúdos e pescoço e talvez 1 ou 2 asas.

Coloque a carcaça de frango, o pescoço e o pacote de miúdos (sem o fígado) numa panela grande junto com os legumes e a salsinha e cubra com água fria. Deixe ferver, remova a espuma que se formar, abaixe o fogo e cozinhe, com a panela semitampada, por pelo menos 1 hora, ou mais, se quiser um sabor mais intenso. Na metade do cozimento, tempere com apenas ½ colher (chá) de sal. O caldo não pode ficar muito salgado, pois talvez depois seja reduzido em sopa ou molho. Coe o caldo, deixe esfriar e coloque em recipientes do tamanho que desejar. Você pode deixá-lo na geladeira de 4 a 5 dias e congelá-lo por até 6 meses.

Caldo de carne

Na página 50, descrevo como preparar um Ragu de ossobuco e rabo de boi para desfrutar do rico caldo que ele rende. É a melhor maneira que conheço de fazer um bom caldo de carne, além de render várias refeições deliciosas. Então, se vir ra-

Sopas para todas as estações **93**

bos de boi ou ossobuco em promoção no supermercado, não deixe de comprar. E use os mesmos temperos para preparar um caldo que você pode congelar.

GUARDANDO CALDO EM FORMAS DE GELO

Este é um truque útil, principalmente para quem cozinha em pequenas quantidades. Despeje o caldo frio em forminhas de gelo e leve ao freezer. Quando congelados, retire os cubos de caldo e coloque-os em saquinhos pequenos. Dessa forma, você pode retirar facilmente alguns cubos, ou apenas um, quando precisar de uma pequena quantidade para fazer molho ou diluir e dar sabor a um molho ou sopa.

Substitutos para caldos caseiros

Eu gosto de preparar meus próprios caldos sempre que possível. Gosto de aproveitar ossos e carcaças, miúdos, talos e cascas de legumes, ciente de que terei uma sopa deliciosa, pura e suculenta para usar de inúmeras maneiras. Não é muito demorado, mas você precisa ficar por perto enquanto o caldo estiver cozinhando. É claro que haverá muitas ocasiões em que seu estoque estará baixo e você terá de recorrer a industrializados. Felizmente, hoje encontramos bons caldos de galinha e de carne com teor de sódio mais baixo e caldo de mariscos que só precisa ser diluído (metade água, metade caldo de mariscos — não adicione sal) para ser usado como caldo de peixe. São substitutos perfeitamente aceitáveis, e o que você não usar imediatamente pode ser congelado em formas de gelo (veja na página anterior).

Em mercados mais sofisticados, você pode encontrar glace de viande congelado, que é basicamente um caldo de carne ou pato bem temperado que ficou reduzindo até quase virar um xarope, e vale a pena ter no freezer. Você só precisa de um pouco — cerca de ½ colher (chá) raspada do bloco congelado — para adicionar a um molho para uma pessoa. Isso vai transformá-lo em algo especial.

Sopa básica de legumes

Esta é uma ótima receita de sopa de legumes que você pode preparar para si mesmo quando estiver com vontade, num dia frio ou no verão, quando as hortaliças são abundantes.

DO QUE VOCÊ PRECISA

- 2 colheres (chá) de manteiga e mais para finalizar (opcional)
- 1 cebola pequena descascada e picada
- 1 batata pequena descascada e picada, ou mais se preciso
- 2 ½ xícaras de caldo de galinha (p. 92) ou água, ou uma mistura
- 1 punhado de folhas verdes (espinafre, couve, folhas de beterraba, folhas de nabo), sem os talos duros, picadas
- Sal e pimenta-do-reino moída na hora
- Cerca de 1 colher (sopa) de creme de leite (opcional)

Derreta a manteiga numa panela com capacidade para 1 litro e refogue a cebola por alguns minutos. Adicione a batata, refogue-a com a cebola por mais 1 minuto, então adicione o caldo ou a água. Deixe ferver, abaixe o fogo e cozinhe, com a panela parcialmente tampada, por cerca de 25 minutos, até que a batata esteja bem macia. Adicione as folhas e misture. O espinafre vai levar menos do que 5 minutos; outras folhas podem demorar mais, se não forem muito novas. Prove. Adicione sal a gosto e algumas pitadas de pimenta-do-reino. Talvez você precise de mais líquido, caso tenha reduzido rápido demais. Se quiser uma sopa bem cremosa, passe tudo pelo processador de alimentos, por um moedor de legumes ou use o mixer. Reaqueça se necessário, coloque numa tigela e adicione um pouquinho de manteiga ou creme de leite por cima.

Variações

As possibilidades são ilimitadas. Eis algumas sugestões:

1. Para hortaliças sem folhas, como abobrinha, aspargos, ervilhas, vagens, brócolis e cenouras, omita a batata e refogue o legume que estiver usando junto com a cebola. Se decidir bater a sopa quando estiver pronta, acrescente de 3 a 4 colheres (sopa) de creme de leite.
2. Para criar uma sopa mais substanciosa que valha por uma refeição, coloque croutons na tigela e rale queijo parmesão por cima. Você também pode enfeitar com lascas de presunto ou linguiça defumada, ou ainda com qualquer sobra de carne desfiada.
3. Use cerca de ¼ xícara de feijão cozido em vez da batata (pode usar feijão enlatado, contanto que escorra e lave para eliminar o sabor de líquido enlatado).
4. Engrosse a sopa com 3 ou 4 colheres (sopa) de molho branco ou arroz cozido e bata até virar um purê.
5. Adicione um pouco de creme de leite, misture levemente e espalhe ervas frescas por cima: manjerona, estragão, endro, cebolinha-miúda e manjericão ficam muito bons.

Sopa de alho-poró e batata

Esta é uma nova versão da sopa de legumes anterior, mas os detalhes são tão diferentes que fiz uma receita à parte. Sem dúvida, esta é uma das minhas sopas favoritas, e costumo plantar alguns canteiros de alho-poró na minha horta, então sempre os tenho à mão. Nesta sopa, prefiro usar água em vez de caldo, para que nada interfira no sabor doce e pronunciado do alho-poró.

DO QUE VOCÊ PRECISA

- 1 alho-poró grande e grosso, ou 2 mais finos
- 1 cebola pequena
- 2 batatas de pequenas a médias
- 1 colher (sopa) de manteiga
- Sal

- 3 xícaras de água, ou mais, se necessário
- Pimenta-do-reino moída na hora
- 1 ou 2 colheres (sopa) de creme de leite (opcional)

Corte as extremidades verdes rígidas do alho-poró e corte-o em pedaços de 2,5 cm. Lave-os bem e escorra-os. Descasque e pique a cebola e as batatas. Derreta a manteiga em uma panela pesada média e refogue a cebola por alguns minutos, depois adicione o alho-poró e as batatas e cozinhe em fogo baixo por mais alguns minutos, mexendo sempre. Adicione a água, acrescente 1 pitada de sal e deixe ferver. Cozinhe com a panela semitampada durante 1 hora, até que as batatas estejam bem macias. Agora amasse com um amassador de batatas ou escumadeira e adicione mais sal a gosto e 1 pitada de pimenta-do-reino. Sirva assim ou coloque um pouco de creme de leite por cima.

Variação

Para uma sopa mais cremosa, bata tudo com o mixer ou no processador de alimentos e adicione um pouco mais de creme de leite. Consuma quente, ou transforme-a numa *vichyssoise* adicionando pelo menos ¼ xícara de creme de leite e polvilhando cebolinha-miúda por cima. Caso queira tanto a sopa quente quanto fria, prepare o dobro da quantidade e reserve metade para consumir depois como *vichyssoise*.

SOPA DE AZEDINHA

No verão, você pode encontrar azedinha em feiras livres ou, se possível, pode plantá-la na sua horta. Assim você pode fazer uma versão simples da deliciosa sopa francesa *Potage germiny*, adicionando 1 xícara de folhas de azedinha, lavadas, sem o talo e em tiras, ao alho-poró, cebola e batatas depois de refogados. Finalize a sopa batendo com o mixer e adicionando creme de leite como descrito anteriormente.

Sopa de cogumelos

Esta é uma maneira rápida de preparar uma deliciosa e intensamente saborosa sopa de cogumelos que não é pesada demais, pois é engrossada com arroz cozido em vez de creme de leite.

98   *O prazer de cozinhar só para você*

DO QUE VOCÊ PRECISA

- Cerca de 1 colher (sopa) de porcini seco e/ou outro cogumelo seco
- 1 colher (sopa) de manteiga
- 1 chalota pequena (ou ½ grande) picadinha
- 4 cogumelos frescos médios picados

- Sal
- 1 xícara ou mais de caldo de galinha (p. 92), ou metade de caldo e metade de água
- ¼ xícara de arroz cozido
- 1 punhado de salsinha fresca picada e/ou cebolinha-miúda e estragão

Deixe o cogumelo seco de molho em ¼ xícara de água morna durante 20 minutos. Derreta a manteiga numa panela pequena e refogue a chalota por 1 minuto. Adicione os cogumelos frescos e os secos, escorrendo e reservando a água do molho. Tempere com um pouco de sal e refogue durante alguns minutos, mexendo de vez em quando. Adicione o caldo de galinha, a água em que o cogumelo ficou de molho e o arroz, então cozinhe em fogo baixo durante 10 minutos. Prove e corrija o tempero. Bata no processador de alimentos, na batedeira ou mixer até obter uma sopa relativamente homogênea. Coloque numa tigela aquecida e polvilhe com ervas frescas.

Sopa de abóbora

Esta é uma boa maneira de usar aquela abóbora extra que você assou. O resultado é uma sopa extremamente agradável.

DO QUE VOCÊ PRECISA

- 1 colher (sopa) de manteiga
- 1 cebola média picadinha
- Cerca de 2 xícaras de pedaços de abóbora assada (veja na p. 153)
- 2 xícaras de caldo de galinha
- Sal

- ¼ colher (chá) de gengibre fresco ralado
- 1 colher (sopa) de creme de leite, ou mais, se necessário
- 1 pitadinha de noz-moscada ralada na hora

Derreta a manteiga numa panela pesada pequena e refogue a cebola durante 5 minutos. Adicione a abóbora e o caldo de galinha e cozinhe por 30 minutos. Amasse-a na panela com um garfo ou amassador de batatas, ou, se quiser uma textura mais lisa, bata a sopa com o mixer ou no processador de alimentos. Adicione o gengibre e misture. Coloque a sopa numa tigela e espalhe o creme de leite por cima, polvilhando com um pouco de noz-moscada.

Sopa avgolemono

Se você já tiver provado uma avgolemono bem-feita, com textura aveludada e sabor de limão, vai querer prepará-la em casa. E é muito simples de fazer, ainda mais se você tiver uma carcaça de peito de frango ou caldo de galinha no freezer.

DO QUE VOCÊ PRECISA

- Ossos de frango, como costelas, dorso e/ou pescoço e miúdos, ou 1 xícara de caldo de galinha
- 1 ovo batido
- Sal

- 1 cebola pequena picada e vários talos de salsinha fresca, se fizer o caldo caseiro
- ½ limão-siciliano

DECORAÇÃO

- Algumas tiras ou pedaços pequenos de sobras de peito de frango assado ou cozido

- 1 punhado de folhas de salsinha fresca picadas

Coloque os ossos de frango e os miúdos, se decidir usar, numa panela pequena junto com a cebola e os talos de salsinha e cubra com 1 ¾ xícara de água. Deixe ferver e depois, com a panela tampada, cozinhe por cerca de 30 minutos. Você terá mais ou menos 1 xícara de caldo. Com a escumadeira, retire os talos de salsinha, os pedaços de cebola, os ossos e os miúdos de frango e descarte. (Se estiver usando caldo pronto, simplesmente ferva 1 xícara de caldo.) No fim do cozimento, pegue ¼ xícara de caldo e adicione-o ao ovo, batendo sem parar com o batedor de claras. Coloque essa mistura de volta na panela, sem parar de bater, e cozinhe em fogo baixo até engrossar levemente. Tempere a sopa com sal e um pouco de suco de limão-siciliano. Prove. O sabor de limão deve ser pronunciado. Adicione o frango assado ou cozido e deixe aquecer, depois decore a tigela de sopa com um pouco de salsinha picada.

Sopa de lagosta

Esta é uma sopa substanciosa e reconfortante que você pode fazer depois de preparar uma lagosta inteira cozida no vapor (veja na p. 252). Você deve ter cerca de 2 xícaras de caldo de lagosta na panela após o cozimento, então não deixe de guardá-lo. Além disso, remova pedacinhos de carne de lagosta que ainda estiverem presos às cascas e use como decoração.

DO QUE VOCÊ PRECISA

- 1 colher (sopa) de manteiga
- 1 cebola, de média a pequena, picada
- ½ talo de salsão picado
- 1 batata média descascada e cortada em cubinhos
- 2 ou 3 talos de salsinha fresca
- 2 xícaras de caldo de lagosta (veja acima)
- ¼ xícara de arroz cozido*
- Sal e pimenta-do-reino moída na hora
- ¼ xícara de creme de leite
- Salsinha ou cebolinha-miúda picadas

* O arroz é aqui usado como agente espessante leve para a sopa. Se não tiver arroz cozido à mão, você pode adicionar 2 colheres (chá) de manteiga amolecida misturada a 2 colheres (chá) de farinha de trigo à sopa morna e misturar bem.

Derreta a manteiga numa panela pequena e adicione a cebola e o salsão. Cozinhe por alguns minutos, depois adicione a batata, os talos de salsinha e o caldo de lagosta. Cozinhe por cerca de 20 minutos, até que a batata esteja macia. Retire 1 concha do caldo e bata-o no processador de alimentos ou no liquidificador com o arroz até ficar homogêneo. Adicione esse espessante à sopa, salgue levemente (lembre que o caldo de lagosta é salgado) e adicione algumas pitadas de pimenta-do-reino. Retire os talos de salsinha, adicione os pedacinhos de lagosta junto com o creme de leite e aqueça bem. Sirva numa tigela aquecida e polvilhe com salsinha ou cebolinha-miúda picadas.

Bouillabaisse da Nova Inglaterra

Esta falsa bouillabaisse é tão deliciosa que você jamais diria que foi feita com "sobras". Você vai precisar comprar cerca de uma dúzia de mexilhões e mariscos no dia em que for fazer a sopa, mas, fora isso, todo o resto você tem em casa e pode prepará-la em meia hora. Estou supondo, é claro, que você tenha um bom estoque de peixes do freezer. Se não tiver, planeje fazer esta sopa depois de comer uma lagosta ou mexilhões cozidos no vapor, quando terá sobras do intenso caldo de lagosta ou mexilhão. Caso contrário, use suco de mariscos diluído pela metade com água, porque é bem forte.

DO QUE VOCÊ PRECISA

- 1 colher (sopa) de azeite
- 1 cebola pequena picada
- 1 dente de alho descascado e picado
- 1 tomate médio picado
- 2 xícaras de caldo de peixe (veja acima)
- Alguns talos de salsinha fresca
- Sal e pimenta-do-reino moída na hora

- 1 pitada de erva-doce
- 4 ou 5 mariscos pequenos
- 1 dúzia de mexilhões
- 1 pedaço de sobras de peixe assado ou fresco, cerca de 110 g*
- 1 punhado de salsinha picada
- 2 fatias de pão francês tostado
- 1 colherada generosa de Molho pistou (veja na p. 121)**

* Geralmente é melhor usar peixe branco fresco, mas descobri que um pedaço de salmão levemente assado ou cozido também fica ótimo.

** Se não tiver pistou em casa ou não tiver tempo de prepará-lo, experimente fazer uma pasta com 1 dente de alho pequeno e um pouco de sal e depois mis-

102   O prazer de cozinhar só para você

turar a 1 colher (sopa) de maionese. Adicione algumas pitadas de páprica e 1
pitada de pimenta ardida e misture. Os puristas não aprovariam, mas você
pode usar alguns truques quando está sozinho. Ninguém está vendo.

Aqueça o azeite numa panela média e refogue a cebola e o alho até amolecerem. Adicione o tomate, refogue por mais 1 minuto, então acrescente o caldo de peixe e os temperos, provando para verificar quanto de sal e pimenta-do-reino será necessário. Cozinhe por cerca de 20 minutos e adicione os mariscos (se for usar peixe fresco, coloque-o na panela agora); os mariscos sempre levam mais tempo para cozinhar do que os mexilhões, então cozinhe-os por alguns minutos antes de adicionar os mexilhões junto com o pedaço de peixe. Polvilhe com salsinha e sirva com fatias de pão francês tostado com pistou por cima.

Sopa de feijão para o inverno

Esta é uma sopa que vai aquecer seu coração até no dia mais frio de inverno. Use-a como diretriz e faça suas próprias inovações de acordo com o que tiver disponível. O feijão é muito nutritivo, a carne deixa a sopa suculenta e as verduras são saudáveis, dando equilíbrio e cor. É interessante como os cozinheiros do passado sabiam essas coisas instintivamente.

DO QUE VOCÊ PRECISA

- 1 colher (sopa) de manteiga ou óleo
- 1 cebola pequena, ou ¼ de uma grande
- 1 batata pequena fatiada
- 2 xícaras de caldo, de preferência de carne — bovina, de cordeiro, de pato ou ganso
- 1 punhado de folhas de couve ou espinafre

- ¼ xícara de feijão ou lentilha cozidos
- 4 ou 5 fatias de linguiça frita, ou quantas desejar
- Croutons temperados com alho, se gostar, ou algumas fatias de pão francês
- 1 punhado de parmesão ralado (opcional)

Derreta a manteiga numa panela pequena e adicione a cebola e a batata. Refogue por alguns minutos e adicione o caldo. Cozinhe por 30 minutos, com a panela tampada. Adicione as verduras nos últimos 5 minutos de cozimento, junto com o feijão. Adicione a linguiça no final, para aquecer.

Sirva numa tigela grande com croutons e um pouco de parmesão ralado por cima (opcional).

Variações

Se não tiver linguiça em casa, use alguns pedacinhos de carne — sobras de cordeiro ou de porco ou carne escura de frango.

Em vez de cozinhar o feijão, que talvez você não tenha em casa, experimente favas frescas. Você precisa remover a casca, mas só vai precisar de cerca de 1 dúzia para essa sopa, então não é muito difícil — mais uma vantagem de cozinhar para uma pessoa só.

SOPAS FRIAS DE VERÃO

No verão, quero uma sopa gelada rápida de fazer e que utilize algumas das tentadoras frutas e hortaliças da estação.

Sopa fria de pepino e iogurte

DO QUE VOCÊ PRECISA

- 1 pepino pequeno
- 1 cebolinha
- ¼ xícara de iogurte natural integral
- ⅔ xícara de caldo de galinha
- 1 punhado generoso de cebolinha-miúda e endro fresco picados, se disponível

104   *O prazer de cozinhar só para você*

- Sal e pimenta-do-reino moída na hora
- 1 pitada de gengibre fresco ralado

Descasque o pepino e corte-o em pedaços. Retire as folhas grossas da cebolinha, mantendo as macias; pique-as junto com a parte branca. Coloque o pepino e a cebolinha junto com o caldo de galinha e o iogurte no liquidificador ou processador de alimentos e bata até ficar homogêneo. Tempere com sal e pimenta-do-reino e 1 pitada de gengibre fresco ralado. Coloque numa tigela gelada e polvilhe com as ervas frescas.

Variação

Use caldo de peixe em vez de caldo de galinha e adicione cerca de ⅓ xícara de lascas de salmão cozido. Diminua a quantidade de iogurte para 2 colheres (chá) e bata tudo no liquidificador ou processador de alimentos.

Sopa fria de melancia

Esta sopa é ideal para quando você tiver comprado melancia demais.

DO QUE VOCÊ PRECISA

- 1 pedaço de melancia com cerca de 500 g
- 2 colheres (sopa) de vinho Chablis
- 1 cebolinha
- ½ limão
- 1 punhado de hortelã fresca picada

Remova a casca da melancia — pode guardá-la para fazer conserva, caso goste (eu confesso que não gosto). Usando o boleador, retire duas bolinhas de melancia para decorar. Corte o restante em pedaços. Retire as folhas grossas da cebolinha e pique-a. Coloque a melancia, a cebolinha e o vinho, junto com várias gotas de suco de limão, no liquidificador ou processador de alimentos e bata até virar um purê. Prove e ajuste os sabores; talvez queira mais suco de limão. Coloque numa tigela gelada e enfeite com as bolinhas de melancia e folhas de hortelã.

Sopa de blueberry

Esta é uma sopa que tomei anos atrás numa pousada em Peacham, Vermont, quando meu marido, Evan, e eu estávamos procurando receitas para o nosso livro sobre a culinária da Nova Inglaterra. Ela é tão deliciosa que agora, todos os anos, comemoro a estação de blueberries fazendo esta receita. E tenho a bênção de ter um primo, John, que retira a seiva de nossos bordos na primavera, então sempre tenho xarope de bordo em casa.

DO QUE VOCÊ PRECISA

- ¾ xícara de blueberries
- 1½ colher (sopa) de xarope de bordo
- 2 colheres (sopa) de suco de laranja
- 1 pitada de canela em pó
- Algumas gotas de limão-siciliano
- ¾ xícara da mistura de leite e creme de leite (em partes iguais)

Coloque tudo, exceto o suco de limão e a mistura de leite e creme de leite, numa panela pequena. Aqueça e, quando começar a ferver, retire do fogo e bata no liquidificador ou no processador. Adicione suco de limão a gosto e leve para gelar. Logo antes de servir, adicione a mistura de leite e creme de leite, mexa e sirva numa tigela gelada.

3 A magia dos ovos — e a sedução dos queijos

Ovos assados
  Variação: Ovos no micro-ondas
Ovo assado com fígado de galinha
Omeletes
IDEIAS PARA RECHEIO DE OMELETES
Frittatas
Ovo(s) cozido(s) no vapor em cama de verduras
Ovos cozidos
  Variação: Ovos recheados
  Variação: Salada de ovos
Ovos Benedict
Molho holandês para uma pessoa
Maionese
MEIO OVO?
Strata: um pudim salgado
Suflê de queijo
TUDO SOBRE QUEIJOS

Quando você cozinha apenas para si, descobre que os ovos podem ser seus melhores amigos. Eles estão sempre lá, esperando para ser usados numa omelete ou frittata, ou para virar ovos mexidos, assados, cozidos ou poché.

Combinam bem com todo tipo de sobras saborosas que possam estar na sua geladeira. Então seja criativo e flexível ao usar algumas das ideias que ofereço aqui.

Vale a pena comprar ovos orgânicos ou, se tiver acesso, compre-os diretamente de uma boa granja. E tente não guardá-los por mais de uma semana. Compre só o que for usar.

Ovos assados

Use uma forma para gratinar com capacidade para 1 xícara se for assar apenas 1 ovo, e uma forma um pouco maior para 2 ovos.

DO QUE VOCÊ PRECISA

- Cerca de 1 xícara de abobrinha ralada
- Sal
- 2 colheres (sopa) de manteiga
- Cerca de 3 cogumelos pequenos picadinhos
- 1 cebolinha bem picada
- 3 ou 4 colheres (chá) de creme de leite
- 1 ou 2 ovos grandes
- Pimenta-do-reino moída na hora
- Parmesão ralado (opcional)

Coloque a abobrinha numa peneira, misture ½ colher (chá) de sal e deixe sobre uma tigela para escorrer.

Derreta a manteiga numa frigideira pequena e refogue os cogumelos picados e a cebolinha por 1 minuto. Esprema a abobrinha para eliminar o máximo de suco possível, depois coloque-a na panela. Adicione metade do creme de leite e deixe cozinhar de 3 a 4 minutos, até ficar quase macia. Transfira para um prato de gratinar e, com a parte de trás de uma colher, abra um espaço no meio e quebre 1 ovo ali. Tempere com um pouco mais de sal e pimenta-do-reino moída na hora e espalhe o restante do creme de leite por cima. Se desejar, polvilhe com parmesão. Asse em forno preaquecido a 170° C de 15 a 18 minutos, até o ovo ficar firme.

Outras possibilidades

Veja na sua geladeira se você tem sobras de folhas, como espinafre ou couve, ou um pouco de brócolis, ou ainda um tubérculo que possa usar para fazer purê — qualquer um deles seria uma boa cama para o nosso ovo assado e poderia ser colocado diretamente no prato e aquecido rapidamente no micro-ondas.

OVOS NO MICRO-ONDAS

Por falar em micro-ondas, utensílio que raramente uso, um dia fiquei com vontade de comer um ovo assado em cima de sobras de ratatouille. Depois de aquecer os legumes no micro-ondas, decidi colocar o ovo por cima e levar ao micro-ondas por apenas 1 minuto, em vez de assar. E ficou milagrosamente bom. O prato ficou pronto em menos de 5 minutos.

Ovo assado com fígado de galinha

Eu adoro ovos assados desde que os provei pela primeira vez em Paris, anos atrás. Mas eu não sabia exatamente como prepará-los até encontrar a receita detalhada no livro de Julia Child, Mastering the Art of French Cooking, *onde são chamados de œufs sur le plat ou œufs miroir (por causa da superfície brilhante). Esta é a minha versão favorita, que sempre faço quando removo o saquinho de miúdos da cavidade do frango. Ele deve sempre conter um belo fígado, a iguaria do cozinheiro.*

DO QUE VOCÊ PRECISA

- 2 colheres (chá) de manteiga (ou 4 se usar 2 ovos)
- 1 chalota pequena, ou 1 cebolinha, picada (ou ambas, o que prefiro)
- Um pouco de xerez seco
- 1 fígado de galinha cortado ao meio
- 1 ou 2 ovos grandes
- Sal e pimenta-do-reino moída na hora

Preaqueça o forno. Derreta a manteiga numa panela refratária pequena. Quando estiver borbulhando, adicione o fígado de galinha e deixe selar por 1 minuto, depois adicione a chalota e/ou cebolinha e cozinhe rapidamente, mexendo por mais ½ minuto. Adicione o xerez e deixe cozinhar por alguns segundos, até engrossar. Depois quebre cuidadosamente o ovo direto na panela. Tempere tudo com sal e pimenta-do-reino e deixe cozinhar em fogo médio até que o ovo comece a firmar. Espalhe um pouco de caldo da panela sobre o ovo e leve ao forno para terminar o cozimento, apenas até o ovo ficar firme. Banhe novamente e coma diretamente no recipiente com fatias de pão tostado para raspar o fundo.

Outras possibilidades

Presunto e linguiça também ficam ótimos com ovos assados, e você pode fazer uma versão vegetariana com cebola e pimentão ou sobras de ratatouille, caso tenha em casa.

Omeletes

Não se assuste com a simples ideia de preparar uma omelete. Quanto mais você fizer, mais fácil vai ser, e leva só alguns minutos para preparar uma sedutora massa oval de ovos amarelos com um recheio que é o complemento perfeito. Uma omelete pode ser uma refeição completa e é um ótimo refúgio para todas as sobras que tiver na geladeira. Então, darei apenas medidas e sugestões para recheios, não instruções específicas para preparar uma. Dessa forma, você pode usar minhas diretrizes para fazer a sua.

É importante ter uma boa frigideira antiaderente. A minha tem 16 cm de diâmetro no fundo e 20 cm no topo, o tamanho que gosto para uma omelete de dois ovos, e eu a reservo para esse fim. Se preferir uma omelete mais fina, use uma frigideira com 20 cm de diâmetro.

DO QUE VOCÊ PRECISA

- Cerca de 3 colheres (sopa) de recheio (veja sugestões a seguir)
- 2 colheres (sopa) de manteiga
- 2 ovos grande
- Sal e pimenta-do-reino moída na hora

Se o recheio que pretende usar estiver cozido, você pode aquecê-lo na frigideira com um pouco de manteiga ou azeite e depois deixá-lo num prato pequeno em local aquecido, ou ainda aquecê-lo rapidamente no

A magia dos ovos — e a sedução dos queijos 113

micro-ondas. Se usar ingredientes crus que requerem cozimento use uma panela separada e tenha tudo pronto ao começar a fazer sua omelete.

Então, aqueça a manteiga na frigideira para omeletes em fogo médio--alto. Enquanto isso, quebre os ovos numa tigela pequena, tempere com 1 boa pitada de sal e pimenta-do-reino e bata com o garfo apenas até misturar gemas e claras. A manteiga na frigideira deve estar quente e borbulhando, e, quando as bolhas grandes começarem a diminuir, estará pronta. Adicione os ovos e deixe-os firmarem por apenas 10 segundos. Com o lado chato do garfo contra o fundo da frigideira, mexa vigorosamente a massa. Deixe-a firmar novamente por mais alguns segundos e então, com os dentes do garfo, puxe as bordas firmes para o centro e incline a frigideira levemente para que as partes líquidas ocupem as áreas vazias e também possam firmar. Todo esse processo deve levar cerca de 1 minuto. Agora adicione o recheio no centro dos ovos e dê 1 ou 2 sacudidas firmes na frigideira para que um lado da massa dobre sobre o recheio (você pode fazer isso usando a espátula). Passe a omelete para um prato aquecido, deixando a parte com o recheio tocar o prato primeiro, depois incline mais a frigideira e faça o outro lado da massa dobrar por cima do primeiro. E pronto: você tem uma omelete perfeita! E se não estiver perfeita, não importa. Só você vai saber, e vai estar deliciosa.

Ideias para recheios de omelete

- Sobras de aspargos cozidos cortados em pedaços e aquecidos na manteiga
- Sobras de espinafre cozido ou outras folhas, como couve, folhas de nabo ou beterraba, aquecidas num pouco de azeite
- Berinjela, principalmente sobras de ratatouille (p. 142)
- Pimentões assados
- Cogumelos refogados, ou algumas colheres (sopa) de duxelles (p. 146)
- Uma ou duas batatas pequenas assadas ou cozidas, que ficam ainda melhores com alho-poró cozido, corações de alcachofra ou azedinha
- Queijos: 1 colher (sopa) de queijo fresco é sempre um ótimo complemento para qualquer uma das hortaliças mencionadas anteriormente. Queijos como cheddar, gouda, cantal, parmesão ou grana padano ralados (veja o que tem na geladeira) ficam deliciosos e realçam outros recheios. Misture o que desejar, ou faça apenas uma omelete de queijo, polvilhando um pouco por cima e usando uma quantidade generosa como recheio.
- Um toque de carne e peixe: Experimente um pouco de presunto picado, só a carne da linguiça esmigalhada, fígado de galinha picado, creme de frango ou peru. Se tiver sobras de salmão, separe-as em lascas e misture a algumas ervas ou a molho verde. Camarão e vieiras, temperados da mesma forma, também ficam ótimos. Peixes suaves decepcionam, mas peixes defumados — salmão, truta, hadoque — combinam muito bem com ovos.

Frittatas

A diferença entre frittata e omelete, a meu ver, é que aquela cozinha lentamente e vai ficar mais firme, podendo conter uma série de diferentes enfeites formando habilmente um padrão, com sabores se complementando. Sempre levo minha frittata ao forno no final, para dourar o queijo espalhado por cima. Este é outro prato que se presta bem a improvisos.

DO QUE VOCÊ PRECISA

- 1 alho-poró grande, só a parte branca, cortado em 4 no sentido do comprimento
- 1 colher (sopa) de manteiga ou azeite, ou uma mistura, ou mais se necessário
- ¼ pimentão vermelho ou verde grande, cortado em tiras

- 2 ovos grandes
- Sal e pimenta-do-reino moída na hora
- 1 fatia fina de presunto cortada em tiras
- 1 batata pequena cozida fatiada
- Parmesão ralado na hora

Coloque os pedaços de alho-poró numa frigideira antiaderente ou de ferro fundido e adicione água quase até cobrir. Deixe ferver e cozinhe até que a água tenha evaporado, cerca de 5 minutos. Coloque o alho-poró de lado, tentando manter os pedaços intactos, adicione manteiga ou azeite à frigideira e acrescente as tiras de pimentão. Cozinhe por mais alguns minutos, depois, com a espátula, passe tudo para um prato.

Quebre os ovos numa tigela, tempere com sal e pimenta-do-reino e misture bem com o garfo. Coloque a frigideira em fogo baixo, adicionando se necessário um pouco mais de gordura, e coloque os ovos. Agora arrume o alho-poró e as tiras de pimentão e presunto com as pontas partindo do centro e coloque fatias de batata no meio delas. Adicione um pouco mais de sal e pimenta-do-reino e cozinhe, com a frigideira tampada, de 8 a 10 minutos, até ficar firme, mas um pouco cru por cima. Rale um pouco de parmesão ralado sobre a superfície e leve ao forno preaquecido por tempo suficiente para firmar os ovos e dourar levemente.

Outras ideias

Gosto de usar legumes que possam ser organizados formando raios. Aspargos e 1 abobrinha fina cortada em 4 no sentido do comprimento ficam ótimos, assim como diferentes cores de pimentão, mas você não tem de se curvar à estética. Pequenos corações de alcachofra cozidos ficam maravilhosos com batatas — é claro que com cebolinha ou cebola —, mas levarão mais tempo no cozimento inicial, de 15 a 20 minutos. Você pode cozinhar a batata junto com as alcachofras, se preferir. E cogumelos são deliciosos, principalmente variedades selvagens atraentes como os chanterelles dourados. Para mim, a batata é quase essencial, pois confere substância ao prato e, junto com o presunto, resulta numa refeição deliciosa e atraente.

Ovo(s) cozido(s) no vapor em cama de verduras

O que poderia ser mais simples do que colocar verduras macias numa wok e quebrar um ou dois ovos por cima para que cozinhem juntos? E a combinação fica linda no prato.

DO QUE VOCÊ PRECISA

- 2 punhados de verduras (espinafre, folhas de beterraba, couve, folhas de nabo, agrião ou uma mistura)
- Sal
- 1 colher (sopa) de azeite
- 1 dente de alho descascado e fatiado
- 1 ou 2 ovos grandes
- Pimenta-do-reino moída na hora

Se suas verduras não forem muito novas, remova os talos e corte-os em pedaços de 2,5 cm. Coloque os talos numa panela cheia de água levemente salgada e cozinhe-os de 4 a 5 minutos. Escorra e passe-os pela água fria. Rasgue as folhas em pedaços menores.

A magia dos ovos — e a sedução dos queijos **117**

Se as verduras forem novas, a etapa anterior não é necessária. Aqueça uma wok ou panela grande (use uma com tampa que feche bem), adicione o azeite e, quando estiver quente, acrescente as fatias de alho. Cozinhe, mexendo sempre, em fogo alto e, antes que o alho comece a dourar, adicione todas as verduras (mais os talos branqueados das folhas mais velhas). Refogue por 1 minuto, depois adicione cerca de ½ xícara de água e cozinhe até ficarem quase macias. Prove para ver se estão prontas. Abra um espaço no meio das verduras (ou dois, se for usar 2 ovos) e quebre o(s) ovo(s) nele(s).

Verifique se há água suficiente para formar vapor; senão, adicione um pouco mais. Tempere com sal e pimenta-do-reino, tampe e cozinhe em fogo médio. Em 3 minutos, o(s) ovo(s) estarão no ponto e quase todo o líquido terá evaporado. Passe cuidadosamente para um prato com uma espátula vazada, para que o restante do líquido escorra. Centralize o ovo no prato, com as verduras ao redor.

Variações

O(s) ovo(s) pode ficar sobre uma cama de aspargos picados ou abobrinha ralada, ou uma mistura de legumes cortados em palitos.

Ovos cozidos

É sempre bom ter alguns ovos cozidos na geladeira para misturar a uma salada, enfeitar uma travessa de legumes frios, fazer um sanduíche rápido ou usar no meu molho favorito, Molho gribiche (p. 167). Então, quando estiver cozinhando ovo, faça um ou dois a mais.

No decorrer dos anos, constatei que a melhor maneira de preparar ovos cozidos perfeitos e fáceis de descascar é fazendo primeiro um furo na casca, na ponta mais arredondada, colocá-los numa panela com água que os cubra bem e deixar ferver vigorosamente. Em seguida, apague o fogo

118   *O prazer de cozinhar só para você*

e tampe a panela. Deixe descansar por 20 minutos ou um pouco menos, então mergulhe os ovos na água gelada. Descasque-os imediatamente, quebrando e removendo a casca sob água corrente fria. Os ovos que não vou usar logo em seguida, embalo separadamente em filme plástico e levo à geladeira. Duram quase uma semana.

Variações

OVOS RECHEADOS

Estes ovos ficam melhores se preparados assim que descascados. Corte o ovo ao meio no sentido do comprimento e retire a gema. Amasse-a com o garfo e misture ⅛ colher (chá) de mostarda de Dijon, 1 colher (chá) ou mais de maionese (se tiver a sorte de ter maionese caseira na geladeira, use-a — veja a receita na p. 121), 1 pitada generosa de sal e 1 de pimenta-do-reino. Preencha a cavidade das claras com a gema amassada e polvilhe com um pouco de páprica ou ervas frescas bem picadinhas, como cebolinha-miúda, salsinha, estragão, manjericão — a escolha é sua. Outros temperos podem incluir 1 pitada de pasta de anchovas, 1 cebolinha picada, um pouco de pesto, pimentão picadinho ou 1 azeitona, o que desejar.

SALADA DE OVOS

Para uma pessoa, use 2 ovos cozidos, descascados e picados, misturados a 1½ a 2 colheres (sopa) de maionese (para 1 sanduíche, 1 ovo grande é suficiente). Use qualquer um dos temperos sugeridos anteriormente. Gosto de adicionar salsão picado (funcho também fica bom) ou pimentão verde ou vermelho para ficar crocante. Experimente.

Ovos Benedict

Depois que tiver feito uma pequena quantidade de molho holandês, é simples preparar esta receita divina e saboreá-la sozinho num brunch de domingo.

DO QUE VOCÊ PRECISA

- Receita de Molho holandês para uma pessoa (a seguir)
- Sal
- 1 muffin inglês (ou, se não tiver, 1 fatia de um bom pão de forma)
- Um pouco de manteiga
- 1 ou 2 fatias de presunto em temperatura ambiente
- 1 ou 2 ovos grandes frescos
- Algumas pitadas de pimenta--do-reino
- Um pouquinho de páprica

Se o molho holandês tiver esfriado, aqueça-o lentamente em banho--maria, mexendo sempre. Quando estiver quente, tire do fogo, mexendo algumas vezes, enquanto prepara o(s) ovo(s). Coloque uma panela pequena (ou uma maior, se usar 2 ovos) de água salgada para ferver, depois abaixe o fogo. Enquanto isso, corte o muffin ao meio, toste-o e passe manteiga. Aqueça o presunto numa panela ou rapidamente no micro--ondas e coloque-o sobre o muffin num prato. Quebre cuidadosamente 1 ovo numa caneca pequena e derrame-o na panela com água fervente. (Se quiser fazer 2 ovos, adicione o segundo da mesma maneira). Mantenha o fogo baixo e cozinhe por 4 minutos, banhando o ovo com a água fervente de vez em quando. Retire-o com a escumadeira, deixe a água escorrer e coloque sobre uma metade de muffin. Tempere levemente com sal e pimenta-do-reino, depois cubra com a quantidade quiser de molho holandês. Polvilhe com um pouco de páprica.

Variação

Em vez de usar presunto, use 1 fatia de salmão defumado com algumas alcaparras por cima.

Molho holandês para uma pessoa

De vez em quando, desejo um pouco de molho holandês quentinho, aveludado, com seu cítrico sabor amanteigado para mergulhar folhas de alcachofra, cobrir

120 *O prazer de cozinhar só para você*

um ovo poché, degustar um delicioso ovo Benedict, ou passar num pedaço de salmão, ou outro peixe, grelhado. Mas fazer uma pequena quantidade para apenas uma ou duas porções deste molho complicado (e depois reaquecer as sobras)? Impossível, diriam os especialistas. No entanto, querer é poder. Então fiz experimentos e consegui elaborar um método que atendeu muito bem a meus objetivos. Aqui está ele.

DO QUE VOCÊ PRECISA

- Sal
- 4 colheres (sopa) de manteiga bem gelada cortada em 12 pedaços
- Cerca de 1½ colher (chá) de suco de limão
- 1 gema de ovo grande em temperatura ambiente

Rende ⅓ xícara generoso

Aqueça a gema lentamente numa panela pesada pequena, do tipo Le Creuset, sobre uma frigideira com água fervente, mexendo vigorosamente. Quando a gema ficar amarelo-clara e começar a engrossar, adicione os pedaços de manteiga gelada, um a um, mexendo com um batedor de claras sem parar. Assim que um pedaço de manteiga for incorporado, adicione o próximo. Se em algum momento o molho começar a borbulhar ou separar, tire imediatamente a panela da frigideira e coloque-a numa panela com água gelada. Mas você não deve encontrar dificuldade se trabalhar de maneira lenta e paciente. Quando toda a manteiga tiver sido absorvida e o molho estiver quente e espesso, tempere-o com pelo menos 1 colher (chá) de suco de limão e sal a gosto.

Para guardar o que sobrar, coloque o molho numa tigela bem pequena e cubra com filme plástico. Vai durar vários dias na geladeira. Para aquecê-lo, deixe-o chegar lentamente à temperatura ambiente, depois coloque-o numa panela pequena sobre água quente e bata energicamente com um batedor de claras. Isso deve recuperar sua consistência cremosa. Se começar a talhar, remova rapidamente a panela do fogo e adicione 1 colher (chá) de creme de leite gelado, misturando bem. Prove e adicione um pouco mais de suco de limão, se necessário.

Maionese

De vez em quando, deguste uma maionese caseira preparada no processador de alimentos. Esta versão simples é leve e deliciosa — e leva cerca de 5 minutos para ficar pronta. Dura cerca de uma semana, mas a minha costuma acabar bem antes disso, ainda mais se eu usar parte dela no Molho pistou mediterrâneo, a receita seguinte.

DO QUE VOCÊ PRECISA

- 1 ovo grande
- ½ colher (chá) de mostarda de Dijon
- ½ limão-siciliano
- Sal
- Cerca de ¾ xícara de azeite de oliva extravirgem

Bata o ovo, a mostarda, algumas gotas de suco de limão-siciliano e 1 pitadinha de sal no processador de alimentos, pelo tempo suficiente para misturar bem. Com o processador ligado, adicione o azeite, no começo algumas gotas de cada vez, depois num fluxo contínuo. Quando a maionese tiver engrossado e você tiver usado quase todo o azeite, prove e ajuste: você vai precisar de mais várias gotas de suco de limão, um pouco mais de sal e talvez, se o molho não parecer espesso o bastante, um pouco mais de azeite. Só isso.

Variações

Se você não tiver processador de alimentos e quiser fazer a maionese manualmente, use apenas a gema, em vez de usar o ovo inteiro. Coloque-a numa tigela rasa pequena e bata sempre com o garfo enquanto adiciona lentamente o azeite, no começo em gotas, depois num fluxo contínuo, até engrossar.

Para fazer uma versão simples de molho pistou, que fica ótimo com bouillabaisse (p. 101), ou adicionado a uma sopa de legumes ou molho verde, separe, descasque e pique 2 dentes de alho grandes. Adicione 1 boa pitada de sal e amasse com a lateral da lâmina da faca até obter uma pasta. Adicione a pasta a cerca de ½ xícara da maionese. Coloque cerca de ¼ de 1 pimentão grande assado, sem pele e cortado em cubinhos (usei pimentão assado pronto) e tempere com 1 boa pitada de páprica doce e 1 pequena pitada (pelo menos é o meu gosto) de pimenta calabresa em flocos. Prove e ajuste os temperos.

MEIO OVO?

Diz a lenda que é impossível dividir um ovo ao meio. Muitos cozinheiros solitários abrem mão de uma receita simplesmente porque reduzi-la significaria usar meio ovo. Mas tudo que você precisa fazer é quebrar um ovo grande num pote pequeno e sacudir bem. Quando clara e gema estiverem bem misturadas, você terá 3 colheres de sopa. Então, para usar meio ovo, retire 1½ colher (sopa) e use como a receita pede. Guarde o restante na geladeira e utilize para pincelar pão, adicionar a ovos mexidos ou a uma omelete. Ou ainda ache outra receita que, ao ser reduzida para uma pessoa, peça meio ovo.

Strata: um pudim salgado

Este pudim de legumes pede os mesmos ingredientes que os timbales individuais que aprendi a fazer na juventude com a minha tia Marian, em Vermont, e que adoro desde então. É uma boa maneira de usar uma baguete amanhecida e sobras de legumes, sem falar naquele ingrediente extra: um pedaço de presunto. Coloco tudo numa travessa de cerâmica com capacidade para 1½ xícara e 12 cm de diâmetro e ela fica cheia, saindo do forno com a superfície alta e dourada. É mais fácil do que ter de desenformar os timbales individuais, e, é claro, como direto na travessa assim que esfriar o bastante para não queimar minha língua.

A magia dos ovos — e a sedução dos queijos **123**

DO QUE VOCÊ PRECISA

- Cerca de ½ xícara de pão amanhecido picadinho e sem cascas grossas
- ¼ xícara de leite
- 1 fatia de presunto, suficiente para cobrir o fundo da travessa (sobras de tender ficam ótimas, veja na p. 72)
- Um pouco de manteiga amolecida
- 3 aspargos cozidos
- Sal
- 1 ovo grande
- ¼ xícara de mistura de leite e creme de leite
- Pimenta-do-reino moída na hora
- Algumas folhas rasgadas de sálvia fresca ou de manjericão fresco (opcional)
- Cerca de 1 colher (sopa) generosa de queijo ralado, parmesão, cheddar ou suíço

Coloque o pão numa tigela com o leite e deixe de molho por 5 minutos, depois pressione-o com os dedos para dissolvê-lo no líquido. Enquanto isso, coloque o presunto no fundo de uma travessa individual untada com manteiga e coloque os aspargos, cortados ao meio, sobre o presunto. Espalhe o pão encharcado por cima e salgue levemente. Bata o ovo com a mistura de leite e creme de leite, adicione um pouco de sal e pimenta-do-reino moída na hora e derrame sobre os aspargos. Espalhe folhas de sálvia por cima e polvilhe com o queijo ralado. Asse em forno preaquecido a 180° C durante 25 minutos. Deixe descansar por alguns minutos fora do forno antes de saborear.

Variações

Você pode usar qualquer tipo de legume cozido como base, o que tiver sobrando na geladeira — floretes de brócolis, abobrinha ralada, corações de alcachofra ou funcho assado. Se usar verduras como espinafre ou couve, esprema toda a água das folhas primeiro.

124   *O prazer de cozinhar só para você*

Suflê de queijo

Outro dia, num bistrô na frente do nosso escritório em Nova York, pedi um suflê individual servido com salada. Foi um almoço perfeito, e eu saí de lá me perguntando por que não fazia mais suflês. Além de ser uma boa maneira de usar pedacinhos de queijo e outras sobras, é bonito e delicioso. Mas fazer para uma pessoa só? Eu tinha certeza de que era possível, então comprei uma forma individual para suflê, com 7 cm de altura e 10 cm de diâmetro e provei que podia ser feito. Minha receita individual se baseia nas oito páginas de instruções detalhadas que Julia Child dedicou ao preparo do suflê perfeito em Mastering the Art of French Cooking.

DO QUE VOCÊ PRECISA

- ½ colher (chá) de manteiga amolecida e 1 colher (sopa) de parmesão ralado para preparar a forma
- 2 colheres (sopa) de manteiga
- 1 colher (sopa) de farinha de trigo
- ⅓ xícara de leite

- 1 boa pitada de sal
- 1 pequena pitada de páprica
- 1 gema de ovo
- 2 claras de ovos
- ⅓ xícara de queijo ralado (cheddar ou montanhês maturado ou suíço)

Unte a forma com a manteiga amolecida e polvilhe o parmesão no fundo e nas laterais. Preaqueça o forno a 220° C. Derreta as 2 colheres (chá) de manteiga numa panela pequena, adicione a farinha de trigo e misture. Cozinhe em fogo baixo por 1 minuto, depois retire do fogo por alguns instantes. Agora adicione o leite, batendo vigorosamente com o batedor de claras, e leve de volta ao fogo para cozinhar por 1 minuto, mexendo constantemente enquanto o molho engrossa. Tempere com o sal e a páprica. Mais uma vez, retire do fogo, adicione a gema e mexa. Coloque as claras numa tigela limpa e bata até formar picos macios. Adicione 1 colher das claras em neve ao molho e misture, junto com metade do queijo. Agora adicione delicadamente o restante das claras e do queijo e transfira tudo para a forma preparada. Coloque no meio do forno e baixe a temperatura para 190° C. Asse por 18 minutos, até que a superfície esteja levemente dourada e o suflê tenha crescido.

Variações

Você pode fazer esse suflê individual usando cerca de 3 colheres (sopa) de uma hortaliça verde cozida e bem picada, ou algumas colheres (sopa) de cogumelos duxelles (p. 146), ou presunto moído. Nesse caso, use apenas 1 colher (sopa) de um queijo mais suave, como o suíço.

Tudo sobre queijos

Muitos cozinheiros solitários têm receio de comprar queijos, porque geralmente têm de comprar um queijo inteiro ou um pedaço muito grande e acabam comprando mais do que conseguem consumir. Mas lembre-se de que queijo é leite fermentado, então não há problema se fermentar mais na geladeira e desenvolver um pouco de bolor. Você pode remover o bolor e vai ver que o queijo ainda pode ser consumido. Queijos mais frescos e macios tendem a desenvolver um sabor azedo se guardados por muito tempo, então consuma-os primeiro.

Se puder, tente comprar queijos em lojas especializadas e faça amizade com o proprietário. Ele geralmente lhe dará amostras de um queijo que você possa querer comprar e lhe dirá se deve ser consumido imediatamente ou guardado por mais tempo antes de abrir. Ele também poderá cortar uma peça para que você leve metade e certamente fatiará um maturado de acordo com o que você pedir. Provar é a única maneira de conhecer um queijo novo.

Durante muitos anos, Evan e eu só compramos queijo numa lojinha no East Side do centro de Manhattan. Era um ritual: nós nos encontrávamos lá quando eu estava indo para casa, Evan trazendo nosso cão para ganhar um presentinho, e nós conversávamos e provávamos os produtos de Eddy, o proprietário. Ele fazia questão de não ter um grande estoque e jamais sonharia em vender queijo vencido. E gostava de ver nossa reação aos novos queijos importados. Ele nos avisava quando o verdadeiro vacherin sazonal chegava —— feito no inverno, quando as vacas dos Alpes se alimentam da última colheita de feno ——, tão forte, cremoso e macio que precisa ser consumido com colher.

Não restam por aí muitas lojas pequenas de queijo, mas ainda vale a pena tentar conhecer alguém com que conheça bem o produto. As opções que temos hoje são muito convidativas, mas ao mesmo tempo excessivas.

Como termino meu jantar com queijo quase todas as noites em que estou sozinha, quero variedade, então tento ter pelo menos 2 ou 3 tipos em casa. Adoro os maturados macios — quanto mais fortes o sabor e o aroma, melhor — como Époisses, Livarot, reblochon, münster da Alsácia e o raro soumaintrain, bem como o mais suave Taleggio e os queijos rurais brie e camembert. Mas, junto com um desses, gosto dos azuis — roquefort, bleu de Bresse, gorgonzola, especialmente o *dolce*, Stilton na época do Natal e, mais recentemente, a feliz descoberta de um bayley hazen blue (coincidentemente batizado com o nome do meu ancestral Bailey), feito na região nordeste de Vermont, na fazenda Jasper Hill. E eu não ficaria sem um dos queijos semimaturados — um adorável cantal dos Alpes Franceses, um emmental de verdade, um gouda maturado, ou cheddar, que pode ser transformado depois de passar algum tempo numa caverna antes de ser exportado.

Minha coleção sempre inclui um pedaço generoso de parmesão, parmigiano-reggiano. Quando renovo meu estoque, corto um bom pedaço para comer com maçã, pera ou figos — nós nos esquecemos de como um bom queijo maturado fica excelente com frutas. Mas geralmente uso o parmesão para ralar em cima de quase tudo. Para mim, o ralador tipo lima é uma bênção para ralar queijos duros. Ele faz isso sem esforço, e o queijo resultante é tão fofo que você precisa se lembrar de pressioná-lo na caneca ao medir (mas quem quer medir queijo?). E lembre-se de guardar a casca quando chegar ao fim do parmesão. Ela transforma uma panela de sopa.

Eu nem mencionei a profusão de queijos frescos disponíveis, mas costumam ser um bom investimento para o cozinheiro solitário; eles costumam ser vendidos em pedaços menores e podem ser usados em vários pratos — saladas, sanduíches, massas, pratos assados. Existe um mundo de queijos a se explorar, principalmente com queijeiros artesanais aparecendo por toda parte, produzindo uma surpreendente variedade de queijos de leite de vaca, cabra, ovelha e búfalo, muitos deles de primeira qualidade. Procure informações na internet e tente achá-los em feiras livres.

COMO ARMAZENAR

Os puristas dirão que o queijo só deve ser guardado embrulhado em papel, mas, se guardar vários tipos por um bom tempo, o papel fica úmido e sujo. Então, começo com o papel no qual o queijo vem embrulhado e depois mudo para filme plástico. Também os guardo numa caixa plástica grande na geladeira, para que o odor não passe para outros alimentos. De vez em quando, eu até congelo um queijo, caso sobre demais. Os queijos semimacios, mais delicados, não podem ser congelados, mas os semiduros e os maturados não sofrem demais com o congelamento. E é melhor que jogá-los fora.

COMO SERVIR

- Sempre tire os queijos da geladeira cerca de 1 hora antes de servir, para que o sabor possa se sobressair em temperatura ambiente.
- Prefiro servir queijo como os franceses, depois do prato principal, sozinho ou com salada ou frutas.
- Queijo é um ótimo realçador de sabor e há muitas receitas neste livro que pedem queijo. Então, se você tiver muito na sua casa e precisa de ideias para usar o excesso, procure sugestões em sopas, saladas, omeletes e quiches, bem como em pratos como suflês e stratas. E, se você gosta do queijo como destaque, faça um belo queijo derretido sobre torrada.

Coelho galês

DO QUE VOCÊ PRECISA

- 1 colher (sopa) de manteiga
- 1 gema de ovo
- 3 colheres (sopa) de cerveja ou vinho branco
- 1 pitada de mostarda em pó
- 5 ou 6 gotas de molho inglês, se disponível
- 1 pitada de sal
- 60 g de queijo (cheddar, gouda maturado, Caerphilly, montanhês francês ficam ótimos, mas use o que tiver) cortados em pedacinhos ou ralados em ralo grosso
- 1 fatia de pão tostada

Aqueça a manteiga numa panela pesada pequena sobre uma panela com água fervente. Quando tiver derretido, adicione a gema, a cerveja e os temperos e bata com um batedor de claras. Continue batendo até engrossar levemente, depois adicione o queijo aos poucos, batendo conforme cada adição derrete e incorpora. Quando todo o queijo tiver sido usado e o molho estiver com a textura do molho holandês, tire do fogo e espalhe sobre a torrada.

4 Improvisando com hortaliças, saladas e molhos

Alcachofra toute seule

Berinjela recheada

Portobello recheado

Batata assada recheada

CHANTERELLES DE PRESENTE

Panquecas de abobrinha

Panquecas de milho e salmão

Moussaka

Ratatouille

Purê de nabo (ou raiz de aipo) e batatas

Prato com batatas para Julia

DUXELLES: UMA FORMA DE CONSERVAR COGUMELOS

Endívia assada com presunto e queijo

Aspargos assados com vinagrete de gergelim

   Segunda rodada: BAA *(sanduíche de bacon, alface e aspargos)*

Raiz de aipo assada

Rémoulade de raiz de aipo

OUTROS LEGUMES BONS PARA ASSAR

Legumes refogados

Salada de frango

Salada de frango com toque asiático

CONSERVANDO ABACATE

Vinagrete

Molho de queijo azul

SALADA DE FOLHAS — COMO MANTÊ-LAS FRESCAS

Salada de beterraba assada, rúcula e endívia com molho de queijo azul

Salada de funcho, maçã e nozes

Tabule

Salada quente de batata com linguiça

Salada de peixe

Pesto

Molho verde de inverno

Molho gribiche

Molho de hortelã fresca de Ed Giobbi

Molho de tomate

Raita de pepino

Molho branco

Geralmente, quando você cozinha só para si, quer fazer algo leve. Talvez seu almoço tenha sido pesado, ou tenha comido demais na noite anterior, e não quer nada além de um simples legume ou salada, alguns frios ou frango — realçado, é claro, com um pouco de molho picante para recuperar as sobras do dia anterior.

Ou talvez você tenha sobras de legumes que serviram como acompanhamento e estão prontos para assumir uma nova roupagem em pratos como tian ou strata (pudim salgado), panqueca, salada, até um sanduíche. Legumes também são ótimas bases. Ficam ótimos recheados e assados. Então, eis um mundo de legumes, saladas e molhos a ser explorado, e espero que estimule seus próprios improvisos.

Alcachofra toute seule

Existe algo agradavelmente sensual e envolvente no ato de degustar sozinho uma alcachofra, mergulhando cada folha num molho amanteigado e tirando com os dentes aquela pequena quantidade de polpa, depois alcançando o fundo e removendo com cuidado os espinhos para chegar ao coração. Eu lembro que adorava isso na adolescência, e sempre pedia alcachofra quando sabia que ficaria sozinha em casa e poderia saborear cada bocado. Se estiver com vontade de cozinhar, prepare um pouco de molho holandês (p. 119) para acompanhar esta iguaria.

DO QUE VOCÊ PRECISA

- 1 alcachofra grande (com as folhas fechadas)

  MOLHO PARA ACOMPANHAR (CASO NÃO USE O HOLANDÊS)
- 2 colheres (sopa) de manteiga derretida
- ½ limão-siciliano

Você pode ferver 1 alcachofra grande ou cozinhá-la no vapor. Prefiro o vapor, porque a alcachofra não fica tão encharcada e não demora muito. Então coloque uma panela grande de água para ferver, com o cesto para cozimento a vapor dentro, enquanto prepara a alcachofra. Corte as folhas externas pequenas e o talo perto da base. Sempre guardo os talos para uma salada, então removo a parte fibrosa externa e cozinho o talo junto com a alcachofra, retirando-o quando estiver macio (20 a 25 minutos). Após cerca de 40 minutos de cozimento, a alcachofra deve estar pronta. Verifique puxando uma folha: se sair facilmente, a base está macia. Escorra bem. Adicione o quanto desejar de suco de limão à manteiga derretida, misture bem e coloque o molho numa tigela pequena.

Segunda rodada

Para aproveitar que está mexendo com isso, porque não cozinha uma segunda alcachofra para comer ao longo da semana com vinagrete (p. 158)? Eu costumo levar 1 alcachofra ao escritório para comer no almoço.

Berinjela recheada

A berinjela é um ótimo receptáculo para sobras, como arroz ou grãos cozidos e o que sobrou de um assado. Quando preparo berinjela, geralmente a asso pela manhã, ou na véspera de quando pretendo recheá-la. Então, leva apenas cerca de 40 minutos para ficar pronta. Esta berinjela recheada é boa quente, morna ou em temperatura ambiente, então você pode levá-la a um piquenique ou para um almoço no parque.

DO QUE VOCÊ PRECISA

- 1 berinjela pequena com cerca de 12 cm de comprimento
- ½ xícara de arroz cozido
- ½ xícara de carne assada (cordeiro, de preferência, ou carne de porco, bovina, sobras de bolo de carne) em cubos pequenos
- 2 colheres (chá) de pinoles tostados

- 2 cebolinhas bem picadas
- 2 tomates enlatados escorridos, ou 2 tomates pequenos frescos picados
- 1 pitada de canela
- Sal e pimenta-do-reino moída na hora
- 2 colheres (sopa) de farelo de pão fresco
- Azeite de oliva extravirgem

Fure toda a berinjela com o garfo e coloque-a em forno preaquecido a 220° C durante 35 minutos. Retire e deixe esfriar. Corte-a ao meio no sentido do comprimento e remova um pouco de polpa, deixando ainda uma boa quantidade junto da pele. Pique a polpa que você extraiu e misture numa tigela com o arroz, a carne, a cebolinha, os pinoles e os tomates. Tempere com canela, sal e pimenta-do-reino. Recheie as metades de berinjela com a mistura, fazendo um montinho no meio, e coloque-as numa assadeira rasa onde caibam as duas. Polvilhe o farelo de pão por cima e finalize com um pouco de azeite. Asse em forno preaquecido a 200° C de 30 a 35 minutos, até ficarem macias e douradas por cima.

Variação

Recheie pimentões verdes ou abobrinhas da mesma maneira, usando as mesmas proporções. Gosto de branquear esses legumes por alguns minutos em água fervente antes de recheá-los e assá-los.

Portobello recheado

O grande cogumelo portobello forma um recipiente natural para recheios deliciosos. Para apetite moderado, um cogumelo grande bem recheado será um almoço ou jantar satisfatório, mas, se estiver com muita fome, faça dois.

DO QUE VOCÊ PRECISA

- 1 cogumelo portobello grande, com mais ou menos 10 cm de diâmetro
- 1 dente de alho descascado e fatiado
- Ervas: 1 colher (sopa) bem cheia de folhas de salsinha, cebolinha-miúda, estragão ou sálvia frescas e picadas
- 2 colheres (sopa) de manteiga
- Sal e pimenta-do-reino moída na hora
- Toque de carne: 1 colher (sopa) ou mais de linguiça frita picada, presunto picado ou bacon frito e esmigalhado
- Azeite
- ½ xícara de farelo de pão

Corte o talo do cogumelo e qualquer parte rígida. Limpe a sujeira com pano úmido e pique bem o talo. Derreta a manteiga numa frigideira pequena e refogue o alho e o talo picado por cerca de 5 minutos, para amolecer. Tempere com sal e pimenta-do-reino, adicione as ervas e a carne e misture. Jogue um pouco de azeite no cogumelo todo e tempere com sal e pimenta-do-reino. Coloque o recheio na lateral do cogumelo, limpando as bordas e deixando um montinho no centro. Polvilhe com o farelo de pão. Coloque numa assadeira rasa e leve ao forno preaquecido a 180° C durante 30 minutos, quando a superfície deverá estar dourada e crocante.

Batata assada recheada

Existe algo tão reconfortante numa batata assada que muitos de nós, que comem sozinhos, gostam de fazer dela uma refeição. Você pode realçá-la com o que lhe apetecer — 1 ou 2 colheradas generosas de creme azedo, iogurte ou manteiga, cebolinha picada, alguns cogumelos (ou use duxelles de cogumelos, p. 146) e/ou um pouco de sobras de legumes verdes. Algumas pessoas gostam de acrescentar queijo ou algo mais forte, como anchovas e azeitonas, e, se você tiver sobras de ratatouille ou berinjela e pimentões fritos, eles combinam muito bem com uma suculenta batata assada. Bacon, presunto e torresmo também podem ser utilizados, se quiser.

Como 1 batata grande leva cerca de 1 hora para assar no forno, uma boa maneira de ganhar tempo é colocá-la no micro-ondas por 7 minutos na potência alta e depois levá-la ao forno preaquecido a 200° C para dourar por 10 minutos. Quando estiver macia — fure com a ponta da faca para ter certeza —, faça 1 corte na parte de cima, aperte a batata quente para abri-la e acrescente o quanto de recheio desejar. O recheio deve estar em temperatura ambiente.

Chanterelles de presente

O verão de 2008 foi tempestuoso, típico do nordeste de Vermont, com períodos de sol substituídos por chuvas repentinas. Mas era um clima bom para cogumelos selvagens, e meus amigos Nova e Les, que sabem como encontrar seus leitos secretos, me trouxeram uma caixa enorme com pelo menos 2 kg de chanterelles dourados. Eis o que fiz com eles, tentando capturar seu sabor de diferentes maneiras, sem desperdiçar um único pedacinho.

Sempre limpe os cogumelos selvagens logo antes de usá-los. Não os mergulhe na água. Use apenas uma escova macia e papel-toalha úmido para remover qualquer sujeita e tire as pontas rígidas dos talos (guarde--as para fazer sopa). Neste livro você vai encontrar receitas que podem ser adaptadas para esses pratos.

- Cogumelos refogados para rechear crepes
- Molho feito com cogumelos, chalota e vinho tinto para servir com bife de contrafilé
- Pequena quiche de cogumelos
- Ovo poché sobre folhas de espinafre refogadas e chanterelles
- Tagine de carne bovina, berinjela e chanterelles
- Strata: pudim salgado com legumes e queijo
- Omelete recheada com chanterelles refogados
- Risoto de cogumelos
- Cabeças de chanterelle grandes assadas, temperadas com azeite e sal e colocadas em forno quente por 10 minutos (também podem ser recheadas)

Panquecas de abobrinha

Todas as pessoas que têm horta conhecem a pressão de consumir as abobrinhas que foram plantadas. Você detesta desperdiçá-las. Mas a vantagem de plantar abobrinhas é que pode colhê-las enquanto ainda estão bem novas e têm sabor mais intenso (e pode usar as flores também). Então, aqui está mais uma maneira deliciosa de degustar este abundante vegetal. Você pode omitir o presunto e o pimentão, se quiser, mas eles dão um toque muito especial.

DO QUE VOCÊ PRECISA

- 1 ou 2 abobrinhas pequenas raladas até encher 1 xícara
- Sal
- 1 ovo
- 3 colheres (sopa) de farinha de trigo
- 1 cebolinha picadinha
- Algumas folhas de salsinha e/ou manjericão frescos picadas
- 1 fatia de presunto, rasgada em pedaços pequenos (opcional)
- 2 tiras finas de pimentão vermelho ou amarelo cortadas em cubinhos (opcional)
- Azeite
- Decoração (opcional): 3 ou 4 flores de abobrinha

Espalhe a abobrinha ralada sobre um pano de prato e polvilhe-a generosamente com sal. Após 5 minutos, seque para extrair um pouco do suco. Bata o ovo levemente numa tigela e adicione a abobrinha ralada, a farinha de trigo, a cebolinha e as ervas e os pedaços opcionais de presunto e pimentão. Numa frigideira média, aqueça azeite suficiente para cobrir o fundo e, quando estiver quente, pegue metade da massa de abobrinha na mão e coloque na frigideira, espalhando levemente com a espátula. Repita o procedimento para fazer uma segunda panqueca e cozinhe-as em fogo médio. Quando estiverem douradas por baixo, vire-as e doure o outro lado. Transfira-as para um prato aquecido. Se tiver algumas flores de abobrinha, frite-as num pouco de manteiga na mesma frigideira, achatando-as com a espátula; ficarão prontas em alguns segundos. Coloque sobre as panquecas.

Panquecas de milho e salmão

Inventei estas panquecas numa noite quando, por acaso, tinha uma espiga de milho sobrando e um pedaço pequeno de salmão cozinhado na véspera. O resultado foi um casamento natural e adorável de sabores.

DO QUE VOCÊ PRECISA

- 1 pedaço pequeno de salmão cozido, cerca 60 g
- 1 ovo batido
- Os grãos removidos de 1 espiga de milho cozida
- 1 colher (chá) de farinha de trigo e um pouco mais para polvilhar
- 1 ou 2 cebolinhas bem picadas
- Sal e pimenta-do-reino moída na hora
- 1 colher (sopa) de manteiga
- Salsinha fresca picada e/ou manjericão, estragão ou outra erva fresca compatível

Parta o salmão em pedaços pequenos. Misture-o com o ovo, o milho, a farinha de trigo e a cebolinha e tempere com sal, várias pitadas de pimenta-do-reino e 1 punhado de ervas frescas. Se tiver tempo, deixe a mistura descansar na geladeira por cerca de 30 minutos; vai ficar mais fácil de manusear, mas não é necessário (e se a panqueca não ficar inteira, só você vai reparar). Derreta a manteiga numa frigideira e, com as mãos, faça 1 bolinho com metade da massa. Quando a manteiga estiver borbulhando, coloque a panqueca na frigideira delicadamente. Faça outro bolinho com o restante da massa e cozinhe os dois em fogo médio até que estejam levemente dourados por baixo, depois vire-os e cozinhe do outro lado. As panquecas ficam boas com salada de folhas enfeitada com pepinos e tomates-cereja. Espalhe o restante das ervas sobre as panquecas.

Improvisando com hortaliças, saladas e molhos **141**

Moussaka

Esta é outra maneira de dar vida nova a sobras de cordeiro. Sempre achei que este suntuoso prato do Oriente Médio que envolve cordeiro em berinjela fosse difícil de fazer, mas, desta forma, leva menos de meia hora e vale cada minuto de esforço.

DO QUE VOCÊ PRECISA

- 1 berinjela pequena*
- 1 colher (sopa) de azeite
- Sal
- 1 colher (sopa) de óleo vegetal
- 1 cebola pequena ou ½ cebola média picada
- 2 tomates médios picados
- 1 pitada de pimenta vermelha
- 1 pitada de açúcar (opcional)

- ¾ xícara de cordeiro cozido ou assado, de preferência malpassado, picado à mão ou moído grosseiramente no processador de alimentos
- 1 ramo de salsinha fresca picado
- Cerca de 3 colheres (sopa) de farelo de pão
- Queijo parmesão ralado

* Se não conseguir achar uma berinjela pequena, use uma média e, depois de assar, guarde metade das fatias para o almoço do dia seguinte. Ficam deliciosas em pão sírio com fatias de tomate fresco.

Corte as pontas da berinjela e fatie-a em rodelas de 0,5 a 1 cm de espessura. Pincele levemente com azeite e tempere com sal de ambos os lados. Forre a assadeira com um tapete de silicone ou papel-alumínio e espalhe as fatias sobre ele. Leve ao forno e asse por cerca de 5 minutos de cada lado, até dourar levemente. Empilhe as fatias e cubra com papel-alumínio.

Enquanto isso, aqueça o óleo vegetal numa panela pequena e refogue a cebola por 5 minutos, então adicione os tomates, a pimenta e o açúcar (opcional) e 1 pitada de sal. Refogue por mais 5 minutos, adicione o cordeiro e a salsinha e cozinhe até que o suco dos tomates tenha reduzido um pouco. Espalhe 3 ou 4 fatias de berinjela no fundo de uma assadeira rasa individual, cubra com a maior parte do cordeiro e dos tomates, depois espalhe outra camada de berinjela por cima, os sucos restantes e pedaços da mistura de cordeiro. Polvilhe com farelo de pão e queijo e asse por 10 minutos em forno preaquecido a 190° C. Leve para gratinar, se a superfície precisar dourar mais.

Ratatouille

Recentemente, este prato francês difícil de pronunciar tornou-se uma palavra co-nhecida da noite para o dia, quando o divertido filme Ratatouille conquistou cora-ções pelo mundo todo. Poucas pessoas sabiam como preparar um ratatouille, mas se identificaram com o prato que tinha o poder de invocar uma lembrança gusta-tiva tão intensa. Eu me apaixonei pelo ratatouille na juventude, quando morava em Paris, e adoro esse prato desde então. Há uma maneira clássica de prepará-lo — cozinhando cada ingrediente separadamente, depois misturando tudo —, mas isso é demorado e não tenho certeza se o resultado é tão superior. Para mim, as regras na culinária devem ser quebradas, e não há mal em simplificar e dar seu próprio toque a um prato. Então eis a minha versão, sujeita a variações de acor-do com a estação. Sempre preparo três vezes mais do que vou consumir no dia, porque posso usá-lo de várias outras formas.

DO QUE VOCÊ PRECISA

- 1 cebola média
- ¼ xícara de azeite
- 1 berinjela média (450 g ou um pouco mais)
- 1 abobrinha pequena

- ½ pimentão grande
- Sal
- 2 ou 3 tomates médios
- 1 punhado de salsinha fresca picada

Descasque e corte a cebola ao meio no sentido do comprimento, depois corte-a em fatias grossas. Aqueça 2 colheres (sopa) do azeite numa fri-gideira pesada grande e refogue a cebola. Com o descascador de legumes, remova parte da casca e corte a berinjela em pedaços uniformes, com cerca de 2 cm cada, com um pouco de casca. Corte a abobrinha também em pedaços de 2 cm, adicione junto com a berinjela à cebola e refogue tudo, mexendo frequentemente. Enquanto douram e a frigideira seca, adicione o restante do azeite e o pimentão, cortado em pedaços do mesmo tamanho. Tempere tudo com sal e deixe cozinhar, tampado, por 10 minutos, mexendo de vez em quando. Pique os tomates, adicione-os à frigideira e cozinhe em fogo baixo por mais 10 a 15 minutos, tampado, até ficar tudo macio e incorporado. Prove e adicione sal, se necessário. Polvilhe com salsinha picada.

Variações

Você pode incluir cogumelos — inteiros, se pequenos, ou cortados em 4 — adicionando-os junto com o pimentão. Pode ainda omitir o pimentão, mas gosto do toque de cor e da doçura que ele acrescenta. Também pode incluir alho picado quando estiver dourando a berinjela, mas tenha cuidado para que não doure demais, ou seu sabor vai se sobressair.

Segunda rodada

Ratatouille é um tesouro a ter sempre à mão. É delicioso gelado e maravilhoso com ovos — numa omelete ou com um ovo poché por cima —, e você pode usá-lo como molho de macarrão. Para isso, vai precisar de cerca de 1 xícara de ratatouille aquecido e diluído num pouco da água do macarrão. É o suficiente para servir com cerca de 80 g de macarrão (de preferência penne, parafuso ou conchas) misturado a mais salsinha picada e, é claro, com queijo parmesão ralado na hora.

Purê de nabos (ou raiz de aipo) e batatas

Qualquer um desses tubérculos saborosos é um ótimo acompanhamento para vários pratos suculentos. E o que poderia ser mais simples? Você cozinha os dois juntos, faz um purê com um pouco de manteiga e creme de leite e está pronto.

DO QUE VOCÊ PRECISA

- 1 nabo grande ou uma porção de tamanho equivalente de uma raiz de aipo grande
- 1 batata do mesmo tamanho*

- Sal
- 2 colheres (chá) de manteiga
- Um pouco de creme de leite

---

* Algumas batatas são melhores para fazer purê, mas costumam ser tão grandes que provavelmente você vai usar apenas metade. Como quer usar quantidades iguais de tubérculo para este purê, retire o excedente de batata depois de cozido e utilize-o para outro fim. Ou faça uma quantidade maior deste prato e prepare uma sopa deliciosa com as sobras.

Descasque o nabo ou a raiz de aipo e corte em pedaços grandes. Faça o mesmo com a batata. Ferva os dois em água levemente salgada até ficarem macios. Escorra (e, se necessário, remova a batata em excesso). Amasse-os juntos na panela, usando o amassador de batatas ou mixer. Adicione sal, manteiga e creme de leite a gosto.

Prato com batatas para Julia

Certa vez, quando eu estava em Cambridge trabalhando com Julia Child o dia todo sem parar, como costumávamos fazer, eram quase onze da noite quando ela finalmente largou o manuscrito e anunciou que faríamos o jantar. Então ela se virou para mim e disse: "Judith, faça um prato com batatas enquanto eu preparo a carne". Com um pouco de medo, consegui atendê-la e preparar o que chamaria de versão rápida, feita no fogo, das clássicas batatas Anna. Enquanto eu amassava um pouco de alho junto com sal e passava a mistura entre as camadas de batatas fatiadas, Julia observava com ceticismo, e, embora tenha usado muita manteiga, o que ela sempre aprovava, não era manteiga clarificada. Mas, quando nos sentamos e ela provou o primeiro bocado, anunciou que as batatas estavam deliciosas, e o marido dela, Paul, fez um brinde a mim. Eu estava no paraíso dos cozinheiros.

Naquela noite, devo ter feito meu prato de batatas numa frigideira de 12 ou 15 cm de diâmetro para nós três, mas recentemente eu o tenho feito com frequên-

cia só para mim, numa frigideira quadrada de ferro fundido de 12 cm que perten-
ceu a meu pai. Quando ele se aposentou, gostava de cozinhar para si, e lembro que
ele comprou essa pequena panela com orgulho, para que pudesse fazer um ovo
frito perfeito. É improvável que você tenha uma panela como essa, ainda mais uma
com tantas lembranças boas, mas qualquer frigideira pequena serve.

DO QUE VOCÊ PRECISA

- 2 batatas médias
- 1 dente de alho pequeno
- Sal
- 4 colheres (chá) de manteiga
- Pimenta-do-reino moída na hora

Descasque as batatas e corte-as em fatias bem finas. Descasque e pique o alho e, com a lateral de uma faca grande, amasse-o com um pouco de sal até formar uma pasta. Adicione um pouco de manteiga e misture bem. Aqueça 2 colheres (chá) da manteiga em sua frigideira pequena em fogo médio-baixo e adicione metade das fatias de batata, sobrepondo-as ligeiramente para preencher o fundo da panela. Tempere com sal e pimenta-do-reino e espalhe a pasta de alho por cima. Adicione as fatias restantes de batata e cozinhe gentilmente, colocando uma pequena tampa inclinada sobre a frigideira. Após cerca de 8 minutos, coloque um prato pequeno sobre a frigideira e vire as batatas sobre ele; elas devem estar douradas por baixo. As batatas não ficarão no formato perfeito, mas não se preocupe. Após aquecer o restante da manteiga na frigideira, coloque-as ali novamente, arrumando da melhor forma que puder. Deixe-as cozinhar, com a frigideira semitampada, por cerca de 5 minutos e, destampada, por mais alguns minutos, quando deverão estar bem douradas, tanto em cima quanto em baixo. Transfira-as para um prato aquecido e sirva com uma carne suculenta.

Duxelles: uma forma de conservar cogumelos

Quando comprar mais cogumelos do que vai usar durante a semana, uma forma simples de conservá-los é picá-los e refogá-los, o que os franceses chamam de duxelles. Depois você pode congelar os pedacinhos refogados num saquinho e recorrer a eles sempre que precisar de uma colherada para um molho, sopa, omelete, ou qualquer outra coisa.

DO QUE VOCÊ PRECISA

- 120 g de cogumelos
- ¼ colher (chá) de sal
- 2 colheres (chá) de manteiga
- 1 colher (chá) de óleo vegetal
- 1 chalota bem picadinha

Remova, se necessário, a parte rígida dos talos dos cogumelos e, com um pano úmido, limpe qualquer sujeira (não mergulhe os cogumelos na água). Pique-os em cubos pequenos. Espalhe-os sobre um pano de prato e polvilhe sal sobre eles. Após mais ou menos 10 minutos, seque suavemente para remover o excesso de caldo. Enquanto isso, aqueça a manteiga e o óleo numa frigideira grande, adicione a chalota e refogue por cerca de 2 minutos. Quando os cogumelos tiverem soltado seu líquido, adicione-os à chalota e cozinhe por alguns minutos, até a frigideira secar. Deixe esfriar e guarde na geladeira por alguns dias, ou congele.

Se quiser fazer uma quantidade grande para ter este tesouro sempre à mão e dar um sabor intenso de cogumelos, apenas multiplique os ingredientes e use uma frigideira maior.

Improvisando com hortaliças, saladas e molhos **147**

Endívia assada com presunto e queijo

A endívia é uma verdura muitas vezes menosprezada —pouca gente a utiliza. Mas rende um prato muito especial para o almoço ou jantar quando preparada desta maneira.

DO QUE VOCÊ PRECISA

- 1 endívia de bom tamanho
- 1 colher (chá) de manteiga
- 1 limão-siciliano
- Sal

- 2 fatias finas de presunto
- 3 a 4 colheres (sopa) de queijo ralado (pode ser gruyère ou parmesão)

Corte a endívia ao meio no sentido do comprimento. Com um pouco de manteiga, unte uma frigideira pesada, grande o bastante para acomodar as duas metades, e coloque-as uma ao lado da outra. Distribua o restante da manteiga por cima e tempere com várias gotas de suco de limão--siciliano e um pouco de sal. Adicione água fervente à frigideira, até metade da endívia. Coloque um círculo de papel-manteiga ou pardo por cima, do tamanho da frigideira, e coloque a tampa. Cozinhe em fogo baixo por 30 minutos e então verifique a textura: se a endívia estiver macia, termine de cozinhar sem a tampa, até que o restante do líquido seja absorvido. Se ainda estiver firme, cozinhe tampada por mais tempo, adicionando água, se necessário. Quando a endívia estiver pronta, coloque 1 fatia fina de presunto sobre cada metade e polvilhe com bastante queijo. Leve ao forno até borbulhar e dourar levemente. Sirva com Panqueca de arroz selvagem (p. 185), Polenta assada (p. 195) ou com pão.

Aspargos assados com vinagrete de gergelim

Aprendi a assar aspargos com Nina Simonds, a especialista em alimentos asiáticos saudáveis, e, após experimentar pela primeira vez, nunca mais quis de outra maneira. Eu compro 250 g e retiro cerca de 4 talos antes de assar, para guardar para um refogado. As sobras rendem um maravilhoso BAA (veja a seguir) ou apenas uma salada.

DO QUE VOCÊ PRECISA

- 250 g de aspargos
- ½ colher (chá) de óleo de gergelim tostado

- ½ colher (chá) de azeite
- 1 pitada de sal

VINAGRETE DE GERGELIM

- 1 colher (sopa) rasa de molho de soja
- 2 colheres (chá) de vinagre de arroz

- ½ colher (chá) de óleo de gergelim tostado
- ¾ colher (chá) de açúcar

Remova as extremidades duras dos aspargos. Coloque-os numa assadeira forrada com papel-alumínio ou tapete de silicone e tempere com o óleo de gergelim, o azeite e o sal. Role os aspargos para cobri-los por inteiro. Leve a assadeira ao forno preaquecido a 245º C e asse por 12 minutos. Enquanto isso, prepare o vinagrete e, quando os aspargos estiverem prontos, derrame um pouco de vinagrete sobre eles.

Segunda rodada

BAA (SANDUÍCHE DE BACON, ALFACE E ASPARGOS)

Se tiver sobras de aspargos, tente fazer o que, de acordo com o jornalista gastronômico David Nussbaum, os moradores de Massachusetts — no vale do rio Connecticut, onde plantam aspargos — chamam de BAA: sanduíche de bacon, alface e aspargos com maionese. É delicioso.

RAIZ DE AIPO

As raízes de aipo costumam ser grandes e, com as cascas grossas, não parecem um bom investimento para o cozinheiro solitário, pensariam alguns. Mas, quando descobri que assar fatias grossas transformava o sabor delas em algo maravilhosamente robusto e complexo, foi uma revelação. Então agora, nos meses de inverno, sempre compro uma raiz de aipo grande. Uso metade para assar e, com a outra metade, faço um *céléri rémoulade,* prato de raiz de aipo crua em filetes envoltos com maionese misturada com mostarda, servido pelos bistrôs.

Raiz de aipo assada

DO QUE VOCÊ PRECISA

- 1 raiz de aipo
- Azeite de oliva
- Sal kosher

Corte a raiz de aipo ao meio e remova toda a pele da metade que você vai usar imediatamente. Corte essa porção em fatias de pouco menos de 1 cm de espessura. Esfregue ambos os lados com um pouco de azeite e tempere com sal. Arrume-as numa assadeira (ou ao redor de uma carne ou frango) e asse em forno preaquecido a 190° C durante 45 minutos, virando-as uma vez.

RÉMOULADE DE RAIZ DE AIPO

Para simular o clássico céléri rémoulade, descasque a metade restante da raiz de aipo e, com uma faca afiada, corte-a em palitos bem finos, ou use o ralador ou processador de alimentos com a lâmina de ralar fino. Para mais ou menos 3 xícaras de raiz de aipo, misture cerca de ¼ xícara de maionese (caseira é sempre melhor, mas não necessário), 2 colheres (chá) de mostarda de Dijon e 2 colheres (sopa) de iogurte integral. Adicione a raiz de aipo em palitos e misture bem com algumas colheres (sopa) de salsinha picada. Tempere com sal e pimenta-do-reino e um pouco de suco de limão, se achar que precisa de mais acidez. Esta receita rende uma boa quantidade.

Outros legumes bons para assar

É muito conveniente, quando você estiver assando frango, peixe ou carne, assar também alguns legumes compatíveis, como cebolas e cenouras e talvez salsão. Mas também vale a pena assar uma travessa de legumes diferentes para que possa guardar as sobras para saladas e pratos frios, ou para misturar a massas, grãos, arroz ou ovos. Aqui estão alguns legumes que considero particularmente úteis e deliciosos quando assados:

BETERRABA Corte os talos e enrole as beterrabas inteiras, sem descascar, em papel-alumínio. Ou coloque-as numa pequena travessa de cerâmica com tampa. Asse as pequenas a 200° C por 35 a 40 minutos; 1 hora para as maiores. Fure-as com um palito ou com a ponta de uma faca para checar se estão macias. Descasque-as quando tiverem esfriado.

BERINJELA Descasque-a parcialmente e corte em fatias de 1 cm de espessura. Passe um pouco de azeite e sal de ambos os lados. Asse as fatias de uma berinjela pequena a 200° C durante 40 minutos, e as grandes por 50 minutos. Para assar berinjelas inteiras, faça furos e leve ao forno a 230° C por 35 a 40 minutos, ou até ficarem macias. Quando esfriarem um pouco, corte-as ao meio e raspe a polpa sobre uma peneira. Pique e use em saladas ou para fazer um patê com um pouco de alho, sal, pasta de gergelim, limão e azeite.

FUNCHO Remova as folhas externas rígidas e fatie o bulbo do funcho da base do talo até a raiz, em fatias de mais ou menos 1 cm. Passe azeite e sal e asse-as a 190° C de 30 a 35 minutos.

ALHO Corte o talo de toda a cabeça de alho, expondo um pouco da polpa dos dentes, e tempere com azeite. Embrulhe em papel-alumínio, ou, ainda melhor, se tiver um pequeno recipiente de cerâmica com tampa feito para esse fim, use-o. Asse a cabeça de alho a 190° C por 1½ hora. Quando quiser usar o alho assado, esprema quantos dentes quiser. Ele confere um sabor suave e delicioso de manteiga com alho a muitos pratos.

ALHO-PORÓ Corte a raiz do alho-poró e remova as folhas verdes. Lave com cuidado e seque, depois passe-o num pouco de azeite. Deixe inteiro e asse de 25 a 35 minutos, dependendo do tamanho, a 190° C. Fure com o garfo para ver se está macio.

COGUMELOS Passe azeite nas cabeças de cogumelos grandes (guardando os talos para sopa), ou em médios e pequenos inteiros, e asse-os a 190° C de 10 a 15 minutos. Cogumelos selvagens ficam deliciosos se assados de 10 a 20 minutos a 190° C, mas certifique-se de que sejam novos, e não velhos e rígidos.

CEBOLA Asse cebolas pequenas, descascadas e inteiras por 60 minutos em forno a 190° C; chalotas levarão apenas cerca de 30 minutos. Cebolas grandes, descascadas e cortadas em anéis de um dedo de espessura passados em azeite precisam assar de 40 a 45 minutos, a 190° C.

PASTINACA Descasque e corte pastinacas grandes ao meio, no sentido do comprimento (deixe inteiras as menores e a ponta fina das grandes), cubra com um pouco de azeite e asse a 190° C por 50 minutos.

PIMENTÃO Corte pimentões grandes em 4. Retire as sementes e as fibras, passe azeite e asse a 220° C por 20 minutos. Remova a pele queimada. Como alternativa, veja o método feito na chama do fogão, na página 240.

BATATA Asse batatas pequenas inteiras a 190° C por 60 minutos. As grandes, descascadas e fatiadas em pedaços de 2 cm, a 190° C por 45 minutos. Batatas-doces devem ser descascadas e cortadas em fatias de 1 cm. Elas precisam assar por 30 minutos a 190° C.

ABOBRINHA As abobrinhas podem ser cortadas em fatias de 2,5 cm ou no sentido do comprimento. Não descasque, passe um pouco de azeite, alho e sal e leve ao forno a 190° C por 20 minutos.

ABÓBORA As abóboras devem ser descascadas, cortadas em pedaços de 2,5 cm e assadas a 190° C durante 55 a 60 minutos. Ou você pode cortá-la ao meio, passar manteiga por dentro e assá-la por 1 hora ou mais.

TOMATES Corte tomates médios e grandes ao meio e asse-os a 190° C por 45 minutos. Tomates-cereja passados num pouco de azeite ficam ótimos assados por mais ou menos 10 minutos a 220° C. Experimente assar vários tipos de tomate.

NABOS Eu prefiro nabos brancos, descascados e cortados em fatias de 1 cm, temperadas com um pouco de azeite e sal e assadas a 190° C por 45 minutos.

Se quiser assar qualquer um dos legumes mencionados anteriormente com uma carne, terá de ajustar a temperatura do forno de acordo com o que a carne exigir. Portanto, simplesmente deixe os legumes por mais ou menos tempo.

Recentemente, provei alguns legumes assados particularmente saborosos na mesa de Nina Simond, e ela me disse que os temperou com um pouco de vinagre balsâmico antes de assá-los. Isso funciona especialmente bem com aspargos, cebolas, funcho e abobrinha.

Legumes refogados

Refogar uma mistura de legumes rapidamente em uma wok pequena dá a eles um sabor mais intenso e uma textura agradável, e ficam ótimos quando refogados juntos. É uma boa maneira de usar pequenas quantidades que você pode ter em casa. Você pode misturar o que quiser, pensando nas cores e na complementação de sabores. Pode até fazer um ovo poché em cima do seu refogado (veja na p. 116).

DO QUE VOCÊ PRECISA

- 1 legume verde, como 1 abobrinha pequena ou 1 punhado de ervilhas-tortas
- 1 cenoura pequena
- 2 ou 3 cebolinhas
- 2 colheres (chá) de azeite
- 1 fatia de gengibre do tamanho da moeda de 50 centavos, descascada
- Sal

Corte a abobrinha em filetes (ou remova a fibra das ervilhas-tortas e corte-as ao meio na diagonal). Descasque a cenoura e corte-a em filetes finos. Corte a raiz e folhas das cebolinhas e fatie-as em três. Aqueça o azeite numa wok pequena e adicione o gengibre. Quando começar a borbulhar, adicione a abobrinha e a cenoura e refogue tudo em fogo alto por cerca de 30 segundos. Adicione as cebolinhas e um pouquinho de água. Abaixe o fogo para médio, salgue a gosto, tampe e deixe cozinhar por 1 minuto. Destampe e refogue até que os legumes tenham absorvido toda a água e estejam no ponto que você gosta. Sirva imediatamente.

Variações

As possibilidades são infinitas. Deixe que a estação inspire você — na primavera, por exemplo, experimente aspargos, alho-poró selvagem, folhas de dente-de-leão e espinafre, depois varie durante o verão e o outono. Como Ed Giobbi sempre dizia, "O que cresce junto, combina". Você também pode usar alho, fritando algumas fatias junto com o gengibre; isso fica especialmente bom se você estiver refogando legumes com sabores mais fortes.

Salada de frango

É difícil superar uma boa salada de frango, e ela pode ter muitas variações, então você nunca vai se cansar desse prato. Eu prefiro salada de frango sem muita maionese, então uso menos e misturo um pouco de iogurte a ela. Mas você deve adequar o molho ao seu próprio paladar.

DO QUE VOCÊ PRECISA

- Sobras de frango assado cortado em pedacinhos, cerca de 1 xícara
- 1 colher (sopa) de vinagrete (veja variação na p. 159), de preferência feito com vinagre balsâmico
- 1 cebolinha bem picada
- ¼ de pimentão (vermelho, amarelo, verde ou uma mistura) picado
- 1 colher (chá) de alcaparras escorridas
- 1 talo de salsão macio picado
- Salsinha fresca picada e outras ervas frescas, se disponíveis (estragão, manjericão ou manjerona)
- Sal e pimenta-do-reino moída na hora
- 1 colher (chá) de iogurte natural
- 1½ a 2 colheres (sopa) de maionese
- Folhas de alface ou outras verduras

Numa tigela, misture o frango com o vinagrete e deixe descansar por cerca de 5 minutos. Adicione o salsão, a cebolinha, o pimentão, alcaparras e ervas. Tempere com sal e pimenta-do-reino. Misture o iogurte à maionese, adicione à salada e misture. Arrume num prato para salada sobre as folhas de alface ou outras verduras.

Variações

Há muitas coisas boas que você pode acrescentar a esta salada, de acordo com o seu paladar e o que tiver em casa. Nozes ou amêndoas tostadas deixam o prato crocante, além de conferir sabor e textura. Outros legumes coloridos sazonais, como pedaços de aspargos cozidos, ervilhas-tortas, favas, floretes de brócolis e corações de alcachofra são bem-vindos.

Minha mãe enfeitava sua salada de frango com uvas verdes, cada uma delas meticulosamente descascada e cortada ao meio.

Salada de frango com toque asiático

Esta é uma boa maneira de usar sobras de frango para preparar uma refeição substanciosa.

DO QUE VOCÊ PRECISA

- Sal
- ⅓ xícara de macarrão conchinha ou fettuccine
- ¾ a 1 xícara de frango assado cortado em filetes ou desfiado
- 2 cebolinhas fatiadas

- 1 colher (sopa) generosa de maionese
- 2 cogumelos pequenos fatiados
- ¼ de pimentão vermelho (ou amarelo) picado ou cortado em tirinhas

MOLHO

- ½ colher (chá) de mostarda seca
- 1 colher (chá) de açúcar
- 2 colheres (chá) de molho de soja

- 1 colher (sopa) de óleo de gergelim
- 2 colheres (sopa) de vinagre, de preferência de vinho branco

DECORAÇÃO

- 1 punhado de salsinha ou coentro fresco picados

- Algumas folhas de alface, ou um pouco de agrião

Ferva uma panela de água salgada e adicione o macarrão. Cozinhe por cerca de 8 minutos e prove. Quando estiver al dente, escorra. Misture com o frango, salgue levemente e adicione a maionese. Deixe descansar por alguns minutos enquanto prepara o molho. Coloque todos os ingredientes do molho num pote pequeno, tampe e chacoalhe bem para misturar. Adicione a cebolinha, os cogumelos e o pimentão ao frango e adicione cerca de 2½ colheres (sopa) do molho. Misture bem e prove.

Improvisando com hortaliças, saladas e molhos　**157**

Adicione mais molho se achar necessário. Espalhe coentro ou salsinha por cima e decore as laterais com as folhas de alface ou agrião.

Variações

Experimente adicionar ¼ de abacate descascado e picado, ou alguns corações de alcachofra cozidos, e/ou alguns tomates-cereja cortados ao meio. Você também pode usar floretes de brócolis ou aspargos levemente cozidos — o que estiver na época e você tiver em casa.

Use sobras de carne branca de peru em vez de frango, se tiver.

Segunda rodada

Você vai consumir a salada toda, garanto. Mas vai sobrar um pouco de molho, e ele fica ótimo com várias coisas: peixe quente ou frio, macarrão e quase qualquer tipo de legume verde. Vai gostar de tê-lo à mão (dobre ou triplique a quantidade, se desejar).

CONSERVANDO ABACATE

O cozinheiro solitário pode hesitar em comprar abacate porque as sobras escurecem rapidamente quando refrigeradas. Mas, se você mantiver a parte não consumida intacta — ou seja, com a casca e o caroço no lugar — e passar suco de limão na superfície, depois embalar tudo em filme plástico, vai durar vários dias na geladeira. E um abacate maduro sempre acrescenta sabor e textura interessantes, então não deixe de comprar.

Vinagrete

É tão fácil fazer um vinagrete, o clássico molho para salada francês, que não entendo por que tanta gente que mora sozinha compra molhos industrializados. Além de pagar mais, o molho pronto não tem o frescor do caseiro, e você não pode variar os temperos como desejar. Então, aconselho você a começar a fazer seu próprio vinagrete. As quantidades que indico são suficientes para temperar 2 ou 3 saladas pequenas, mas você pode dobrar ou triplicar a receita caso consuma muita salada e queira molho suficiente para a semana toda. É só deixar as sobras na geladeira, num pote hermeticamente fechado.

DO QUE VOCÊ PRECISA

- ¼ colher (chá) de sal
- ¼ colher (chá) de mostarda de Dijon
- 3 colheres (sopa) de azeite extravirgem
- 1 colher (sopa) de vinagre de vinho tinto

Coloque o sal, a mostarda e o vinagre num pote pequeno (um pote de mostarda de Dijon vazio tem um bom tamanho) e chacoalhe para dissolver o sal. Adicione o azeite e chacoalhe novamente até incorporar. Agora prove e ajuste os temperos a gosto. Espalhe cerca de 1 colher (sopa) sobre a salada, misture bem e prove novamente para ver quanto mais deseja acrescentar.

Variações e adições

- Experimente usar suco fresco de limão em vez de vinagre para variar o sabor, começando com 2 colheres (chá) e adicionando mais após provar. O limão fica particularmente saboroso com folhas, mas prefiro um bom vinagre de vinho para usar no dia a dia.
- Vinagre de vinho branco ou de champanhe e às vezes um bom balsâmico podem ser usados.
- Adicione 1 chalota pequena bem picada (ou parte de uma grande) ao vinagrete e sacuda bem. Ou, se quiser um molho mais forte, amasse

Improvisando com hortaliças, saladas e molhos **159**

1 pequeno dente de alho com um pouco de sal e misture ao molho antes de sacudir. É melhor adicionar a chalota e o alho logo antes de temperar a salada porque não ficam bons no molho, mesmo se for refrigerado.

• O mesmo vale para as ervas: se quiser adicionar um pouco de estragão, manjericão ou endro frescos, faça isso logo antes de temperar.

Alguns cozinheiros preferem fazer seu molho em uma tigela, depois colocar as verduras por cima e misturar. Mas eu acho que assim você tem menos controle, sem saber quanto molho vai precisar para a quantidade de folhas que pretende usar. É melhor usar o método italiano, que é salgar levemente a salada, depois temperá-la lentamente com azeite suficiente para cobrir levemente as folhas, e finalmente adicionar apenas vinagre suficiente para dar acidez, sempre misturando e provando.

Molho de queijo azul

• 1½ colher (sopa) de iogurte
• 1½ colher (sopa) de queijo azul (tipo gorgonzola) amassado
• 1 colher (sopa) de azeite

• 2 colheres (chá) de vinagre de vinho branco ou de arroz
• 3 ou 4 gotas de mel (cerca de ⅛ colher de chá)
• Sal a gosto

Misture todos os ingredientes num pote pequeno hermético e chacoalhe até misturar bem. Prove e ajuste os temperos a seu gosto. Talvez precise de um pouco de sal, mas não muito. Esta receita rende o suficiente para pelo menos 2 saladas individuais. Fica ótimo com a Salada de beterraba assada, rúcula e endívia (p. 161) e pode ficar delicioso simplesmente servido sobre um legume gelado.

Salada de folhas: como mantê-las frescas

É bom poder comprar uma boa variedade de verduras para durar a semana toda, mas você quer que continuem frescas. Descobri que a melhor solução é guardá-las num recipiente redondo grande, de plástico (o meu tem cerca de 20 cm de diâmetro e o mesmo de altura, com capacidade para 3 litros). Primeiro lavo as verduras, depois as seco na centrífuga, sacudo um pouco, empilho no recipiente e tampo. E você pode comprar vários tipos, assim não precisa comer apenas alface a semana toda. Eu gosto de misturar várias verduras de folhas pequenas e algo crocante, como alface-americana, e algo com sabor mais forte, como rúcula, sem falar no toque amargo que a endívia e o radicchio conferem. Agrião também é uma boa escolha, mas apenas quando parece fresco, e eu adoro a beldroega que cresce na minha horta no verão.* Então experimente mudar um pouco sua seleção a cada semana e descobrir novas combinações.

---

* A beldroega costuma ser considerada uma erva daninha. Ela cresce em abundância na minha horta no norte de Vermont, e eu teria arrancado todas elas se não tivesse dado ouvidos a Ed Giobbi, o talentoso cozinheiro e pintor — e jardineiro. Ele me disse para nunca arrancar todas as ervas daninhas, porque podem estar escondidas sob elas, plantas pequenas como a beldroega e a azedinha selvagem, verdadeiros tesouros. E foi assim que conheci a beldroega, que nasce rente ao solo, com folhas pequenas, carnudas, quase redondas levemente apimentadas e que dão um ótimo sabor e textura às saladas. Também fica ótima refogada, caso você tenha quantidade suficiente (com certeza vai encontrar o bastante para uma porção).

Improvisando com hortaliças, saladas e molhos 161

Salada de beterraba assada, rúcula e endívia com molho de queijo azul

- 1 beterraba assada média (veja na p. 151)
- 1 punhado de folhas de rúcula rasgadas
- Várias folhas de endívia cortadas ao meio na largura
- Um pouco de sementes de abóbora ou girassol
- Cerca de 2 colheres (sopa) de Molho de queijo azul (p. 159)

Descasque a beterraba e corte-a em palitos pequenos. Coloque os palitos em uma tigela individual para salada junto com a rúcula, a endívia e as sementes. Cubra com o molho e misture tudo.

Salada de funcho, maçã e nozes

Esta é uma salada vibrante que aproveita muito bem aquele ⅓ ou mais de bulbo de funcho que você não conseguiu consumir.

DO QUE VOCÊ PRECISA

- Funcho, cerca de ⅓ de 1 bulbo de funcho médio, ou ½ pequeno
- ½ maçã ácida
- Cerca de 6 nozes

MOLHO

- ¼ colher (chá) de mostarda de Dijon
- 1 pitada de sal
- 1 colher (chá) de suco de limão fresco ou mais, a gosto
- ½ colher (chá) de vinagre balsâmico
- 1 colher (sopa) de azeite ou mais, a gosto

Remova a grossa camada externa do funcho e o talo, guardando as folhas. Corte a ponta da raiz para que o bulbo fique de pé e, com uma faca

162 *O prazer de cozinhar só para você*

afiada, corte fatias bem finas. Se você tiver um mandolin, use-o. Retire o miolo da maçã e corte-a em fatias finas, com a casca. Misture os ingredientes do molho, prove e ajuste os temperos a gosto. Espalhe o molho sobre as fatias de funcho e maçã com as nozes partidas ao meio e algumas folhas de funcho picadas e misture bem. Coloque numa travessa para salada e espalhe mais algumas folhas de funcho por cima.

Tabule

Esta salada nutritiva com trigo para quibe (triguilho) é ótima para usar parte do enorme maço de salsinha que você é obrigado a comprar no supermercado. Se não tiver hortelã fresca, use ½ colher (chá) de hortelã seca e misture ao trigo para quibe ainda morno, depois de escorrê-lo, para que a hortelã possa liberar seu sabor.

DO QUE VOCÊ PRECISA

- Sal
- ⅓ xícara de trigo para quibe
- ¼ xícara de hortelã fresca picada ou ½ colher (chá) de hortelã seca (veja na introdução da receita)

- Pimenta-do-reino moída na hora
- 1 tomate maduro, de pequeno a médio, picado
- 2 ou 3 cebolinhas picadas
- ½ xícara de salsinha fresca picada

MOLHO

- ¼ xícara de suco de limão
- ¼ xícara de azeite

- 1 pitada generosa de sal

DECORAÇÃO

- Beldroega, agrião ou alface

Ferva ⅔ xícara de água com 1 pitada de sal. Coloque o trigo para quibe numa tigela e cubra com a água fervente. Tampe e deixe descansar por 30 minutos. Escorra o trigo, pressionando-o na peneira para extrair a água. Se estiver usando hortelã fresca, adicione-a ao trigo agora. Após

Improvisando com hortaliças, saladas e molhos **163**

30 minutos, tempere com sal e pimenta-do-reino e adicione o tomate, a cebolinha, a salsinha e a hortelã fresca, caso esteja usando. Bata o suco de limão com o azeite numa tigela pequena e adicione sal a gosto. Espalhe o molho sobre o tabule e misture bem. Coloque numa travessa para salada cercado por folhas de beldroega ou outras.

Salada quente de batata com linguiça

Um dos meus jantares favoritos é uma boa linguiça com salada quente de batata. Adoro a maneira como os sucos da linguiça se misturam às batatas macias banhadas em vinagrete à base de mostarda — um sabor muito francês que me deixa nostálgica.

DO QUE VOCÊ PRECISA

- 1 ou 2 linguiças grandes, tipo italiana, kielbasa polonesa, chouriço ou linguiça de alho
- 2 ou 3 batatas pequenas
- 2 colheres (chá) de óleo
- Um pouco de vinho tinto

MOLHO

- 1 colher (chá) de mostarda de Dijon
- 1 pitada generosa de sal
- 1 colher (sopa) de vinagre de vinho tinto
- 2 colheres (sopa) de azeite
- 3 cebolinhas fatiadas
- 2 ou 3 ramos de salsinha fresca picados

Cozinhe as batatas numa panela pequena com bastante água por cerca de 20 minutos, ou até ficarem macias. Depois de mais ou menos 10 minutos do início do cozimento, fure as linguiças e coloque-as numa frigideira pequena untada com óleo. Doure de ambos os lados e cozinhe lentamente, virando às vezes, por cerca de 20 minutos no total. Enquanto isso, faça o molho misturando todos os ingredientes numa tigela. Quando as batatas estiverem prontas, escorra e corte-as em fatias grossas (não é preciso descascá-las, a menos que prefira). Misture-as ao vinagrete. A

164   *O prazer de cozinhar só para você*

essa altura, as linguiças devem estar prontas. Transfira-as para um prato e adicione um pouco de vinho tinto à frigideira, deixando reduzir rapidamente, até que esteja quase um xarope. Espalhe essa porção de molho sobre a quantidade de linguiça que pretende consumir na hora e sirva junto com a salada quente de batata.

Segunda rodada

Eu deliberadamente pedi mais linguiça do que consumiria numa refeição, porque gosto de ter linguiças prontas na geladeira para usar numa *frittata*, numa omelete, numa sopa, ou ainda para adicionar a um molho de macarrão. É muito versátil. Então, determine você mesmo quantas linguiças deseja fritar.

Salada de peixe

Você pode usar quase qualquer tipo de sobras de peixe nesta salada.

DO QUE VOCÊ PRECISA

- 1 colher (chá) de suco de limão
- 1 pitada de sal
- 1 colher (sopa) de azeite
- 2 colheres (sopa) de endro ou estragão frescos picados, ou salsinha
- 1 pedaço de peixe cozido, em lascas ou cortado em pedacinhos, cerca de ¾ xícara

- ½ chalota ou 1 cebolinha bem picadinha
- ¼ xícara de maionese, de preferência caseira (p. 121)
- 2 colheres (chá) de alcaparras escorridas, lavadas e secas
- Agrião ou folhas pequenas para salada
- 1 ovo cozido (veja na p. 117) fatiado

Numa tigela, bata o suco de limão, o sal, o azeite, a chalota ou cebolinha e metade das ervas frescas. Adicione o peixe. Deixe marinar, virando

1 ou 2 vezes, durante cerca de 20 minutos. Adicione a maionese e metade das alcaparras e misture. Faça uma cama de agrião ou folhas numa travessa e coloque a salada de peixe por cima. Arrume as fatias de ovo cozido ao redor e espalhe as ervas e alcaparras restantes por cima.

Variação

Esta salada também pode ser feita com salmão defumado misturado com pedaços de abacate, pepino ou aspargos.

Pesto

Este é um molho para ter sempre em casa. Dura pelo menos 1 semana na geladeira, se você o cobrir com azeite (e cobrir novamente depois de usar um pouco), e pode ser congelado por alguns meses. É uma boa ideia congelá-lo em forminhas de gelo e depois guardar os cubos em sacos plásticos. Dessa forma, pode usar facilmente apenas a quantidade de que precisa.

DO QUE VOCÊ PRECISA

- 3 dentes de alho grandes
- 1 colher (chá) de sal
- 4 xícaras de folhas de manjericão
- 2 colheres (sopa) de p noles tostados
- ½ xícara de azeite extravirgem e um pouco mais para cobrir

Gosto de quebrar a cabeça de alho, remover as cascas e amassar os dentes com sal num almofariz. Eu coloco tudo no processador de alimentos, adiciono o manjericão e os pinoles e bato até formar uma pasta, limpando as laterais. Este método parece amassar completamente o alho, mas você pode colocar tudo no processador de alimentos e deixá-lo fazer todo o trabalho. Adicione lentamente ½ xícara de azeite e bata até misturar bem. Transfira o pesto para um pote pequeno e derrame o restante do azeite por cima.

Variações

Se quiser usar o pesto como molho leve para temperar carnes frias, peixe ou frango, talvez você queira omitir os pinoles. Mas adicione-os quando for usar o molho para temperar uma massa. Para isso, você só precisa de uma panela grande de água salgada fervente e de 55 a 85 g de espaguete ou outra massa. Quando a massa estiver al dente, escorra e misture a cerca de ¼ de xícara de pesto e bastante parmesão ralado. Tempere a gosto.

Como a hortelã cresce de forma mais abundante que o manjericão no norte de Vermont, experimentei adicionar hortelã ao meu pesto, seguindo o conselho de Ed Giobbi. Isso deu ao molho um toque levemente diferente e agradável. Adicione cerca de ¾ xícara de hortelã aos ingredientes e você pode incluir mais 14 dente de alho.

Molho verde de inverno

Esta é uma boa maneira de usar aqueles maços enormes de salsinha que compramos no supermercado, bem como as folhas de funcho que geralmente são descartadas.

DO QUE VOCÊ PRECISA

- 3 cebolinhas picadas
- Cerca de ¼ de xícara de folhas de funcho picadas
- Cerca de 1 xícara de folhas de salsinha picadas
- 1 dente de alho
- Sal
- ¼ xícara de azeite
- ¼ de limão-siciliano

Coloque as cebolinhas, as folhas de funcho e a salsinha no processador de alimentos e bata até ficar tudo bem picado. Quebre o dente de alho, descasque-o e pique-o. Adicione cerca de ¼ colher (chá) de sal e amasse junto com o alho, usando a lateral de uma faca grande, até formar uma pasta. Isso pode ser feito num almofariz. (Na verdade, o molho todo pode ser feito no almofariz. E é um ótimo exercício para os músculos do braço, como diria Julia Child.)

De volta ao processador de alimentos: adicione a pasta de alho, quase todo o azeite e a maior parte do suco do ¼ de limão-siciliano. Processe novamente até quase formar um purê, raspando as laterais quando necessário. Prove. Adicione mais sal e mais algumas gotas de suco de limão-siciliano, se achar necessário. Transfira o molho para um pote pequeno, raspando bem com uma espátula de borracha, e coloque o restante do azeite por cima. Leve à geladeira e use em no máximo 1 semana; caso contrário, congele. Se usar apenas algumas colheres, coloque mais azeite por cima antes de levar de volta à geladeira, para ajudar a conservar a cor e o frescor.

Molho gribiche

Este é o meu molho preferido para carnes frias, peixe e frango, ou para os miúdos que eu tanto aprecio.

DO QUE VOCÊ PRECISA

- ½ colher (chá) sal
- 1 colher (sopa) de vinagre de vinho tinto
- 1 colher (sopa) azeite
- ½ colher (chá) de mostarda de Dijon
- 1 colher (sopa) de alcaparras escorridas

- 2 pepinos cornichons cortados em pedaços pequenos, ou cerca de 1 colher (sopa) de pepino em conserva picado
- 1 ovo cozido (veja na p. 117), bem picadinho
- Pimenta-do-reino moída na hora
- 1 colher (sopa) de salsinha fresca picada

Misture todos os ingredientes. Caso não pretenda usar todo o molho imediatamente, omita a salsinha e adicione-a logo antes de servir. Prove depois de misturar tudo e ajuste os temperos a gosto.

Molho de hortelã fresca de Ed Giobbi

No verão, tenho muita hortelã em minha horta e adoro fazer este molho, que fica bom com muitas coisas. Ed o recomenda para legumes, frango, carnes (principalmente cordeiro) e peixe.

DO QUE VOCÊ PRECISA

- 2 xícaras de folhas de hortelã fresca
- 2 ramos de salsinha fresca, folhas picadas
- 4 dentes de alho descascados e picados
- ¼ xícara de pinoles
- ¼ xícara de azeite extravirgem
- ¼ xícara de caldo de galinha
- Sal e pimenta-do-reino moída na hora

Bata todos os ingredientes no processador de alimentos, com apenas 1 pitada de sal. Prove e adicione mais sal e pimenta-do-reino a gosto. Bata novamente até que o molho fique com a consistência de creme de leite.

Molho de tomate

Não há nada melhor do que saber que tem no freezer um bom molho de tomate feito com tomates pelados em lata. É útil de várias maneiras. Eu costumo fazer 3 xícaras de molho espesso para congelar em recipientes com capacidade para 1 xícara. Você pode dobrar ou triplicar facilmente a quantidade caso deseje e tenha espaço no congelador.

DO QUE VOCÊ PRECISA

- 1 colher de (sopa) de azeite
- 1 cebola média picada
- 2 dentes de alho descascados e fatiados em lâminas
- 2 latas de 400 g de tomates pelados
- Folhas de 1 ramo de manjericão fresco, se disponível
- 1 boa pitada de sal

Aqueça o azeite numa panela pesada média e refogue a cebola até que comece a amolecer. Adicione o alho e refogue por mais 1 ou 2 minutos; não deixe dourar. Adicione os tomates, pressionando-os com as mãos. Adicione 1 xícara de água à lata e mexa para diluir as sobras de tomates, depois acrescente tudo ao molho. Mexa, deixe ferver, adicione o manjericão e espalhe sal por cima. Cozinhe em fogo alto, mexendo de vez em quando e raspando os tomates do fundo da panela; adicione um pouco mais de água se o molho estiver ficando espesso demais. Gosto de deixar o molho espesso para armazenar. Sempre posso adicionar caldo e/ou água, ou água do cozimento de macarrão, para dilui-lo depois.

Raita de pepino

Este é um molho indiano que Madhur Jaffrey me apresentou há vários anos, e desde então eu o preparo sempre. Obviamente fica ótimo com quase qualquer prato indiano que leve curry e também o acho delicioso com frango frio, carneiro, salmão ou camarão — em outras palavras, é uma maneira excelente de temperar sobras.

DO QUE VOCÊ PRECISA

- 1 pepino pequeno (com no máximo 10 cm de comprimento) descascado*
- Sal
- ¾ a 1 xícara de iogurte integral
- 1 pitada de pimenta-malagueta (opcional)
- 1 pitada de semente de cominho
- Um pouquinho de páprica

* Você pode usar pepino em conserva ou uma variedade de pepino pequena. Se não tiver nenhum dos dois, experimente o tipo fino persa.

Rale o pepino e tempere-o com um pouco de sal. Coloque o iogurte numa tigela, começando com ¾ de xícara, e bata até ficar cremoso. Seque o pepino com papel-toalha e misture-o ao iogurte. Adicione 1 pequena pitada de pimenta-malagueta, se decidir usar (costumo omitir caso este

170   *O prazer de cozinhar só para você*

prato acompanhe algo muito temperado) e mais sal a gosto. Espalhe sementes de cominho e um pouco de páprica por cima.

Molho branco

*Como se trata de um molho básico que é bom ter no freezer, esta receita rende
uma quantidade maior do que você provavelmente vai usar após o preparo. Se
quiser fazer menos, é só fazer meia receita. Tentar fazer ainda menos do que isso
não rende um bom resultado. E, é claro, você pode dobrar a receita.*

DO QUE VOCÊ PRECISA

- 4 colheres (sopa) de manteiga
- 4 colheres (sopa) de farinha de trigo
- 2½ xícaras de leite quente

- Sal e pimenta-do-reino moída na hora
- Algumas pitadas de noz--moscada

Derreta a manteiga numa panela pesada pequena. Adicione a farinha de
trigo e cozinhe em fogo baixo, mexendo sempre, por cerca de 3 minutos. Não deixe a manteiga começar a dourar. Esse procedimento é chamado de cozinhar o roux, para eliminar o sabor de farinha de trigo crua.
Agora retire a panela do fogo e espere parar de borbulhar. Adicione todo
o leite, comece a bater vigorosamente e leve de volta ao fogo baixo. Continue batendo até o molho engrossar. Então, deixe cozinhar por mais 3
ou 4 minutos, mexendo de vez em quando. Tempere com sal (começando com ½ colher (chá), então prove) e com algumas pitadas de pimenta-
-do-reino e noz-moscada.

Segunda rodada

Coloque o que não usar em recipientes de plástico com capacidade para
½ ou 1 xícara e congele. Deixe o molho alcançar lentamente a temperatura ambiente, depois coloque-o numa panela pequena e aqueça aos poucos, mexendo até ficar homogêneo.

Arroz, massas, grãos e leguminosas

Arroz de grão longo

Arroz basmati

Arroz integral

Risoto de cogumelos

Risoto rápido com vitela, castanhas e cogumelos

Arroz frito americano

Tian provençal de arroz e verduras

Kedgeree britânico

Sobras de arroz indiano com cogumelos

Salada de arroz para sushi com legumes

Arroz selvagem

Arroz selvagem pilaf

Salada de arroz selvagem

Panqueca de arroz selvagem

Penne com atum, tomates italianos e azeitonas pretas

Parafuso com cogumelos, fígado e tomates-cereja

Penne com folhas de nabo e alho

Linguine com molho de salmão defumado

Espaguetinho com vôngole e mexilhões

Molhos para massa feitos com sobras e tesouros do freezer

Ensopado de cordeiro, cogumelos e cevada

Cuscuz

Variação: Cuscuz com cordeiro, cebolas e uvas-passas (p. 65)

Farro com legumes assados

Polenta assada com legumes

Segunda rodada: Polenta assada ou frita

Jantar rápido com polenta

Mingau de canjica

Segunda rodada: Bolinho de mingau de canjica

Quinoa com limão-siciliano

Trigo para quibe com sobras de cordeiro

Feijão-branco com confit de coxa de pato

Segunda rodada: Sopa de feijão para o inverno (p. 102)

Feijão e asas de peru

Lentilhas

Variação: Com um toque indiano

Variação: Cordeiro com lentilhas (p. 60)

Variação: Salada de lentilhas com alho assado

Arroz, massas, grãos e leguminosas (como os feijões) servem como acompanhamento para vários dos pratos principais que apresentei no primeiro capítulo e também são ótimas bases para sobras, caso você tenha preparado uma quantidade maior. Hoje temos a sorte de poder comprar uma ampla variedade de tipos de arroz, grãos e feijões. Então, tenha sempre uma boa seleção em casa. Com pouco esforço, pode deixá-los deliciosos. Além disso, são saudáveis e não pesam no orçamento.

ARROZ

Meus mentores e amigos que cozinham não acreditam ser possível cozinhar, com sucesso, apenas ½ xícara de arroz. Mas garanto que é. Você só precisa de uma panela pesada pequena (minha Le Creuset tem capacidade para 4 xícaras e o diâmetro do fundo é de 12 cm) com uma tampa que feche bem. Meia xícara de arroz será mais do que suficiente como acompanhamento para uma pessoa, mas é sempre bom ter sobras para preparar vários pratos que usam arroz cozido, uma salada de arroz (veja na p. 184), ou apenas para engrossar uma sopa. Se quiser ainda mais, dobre as quantidades.

Arroz de grão longo

DO QUE VOCÊ PRECISA

- ½ xícara de arroz de grão longo
- 1 xícara de água

- ½ colher (chá) de sal (não use sal se o arroz for acompanhar um refogado asiático)

Coloque o arroz na panela pesada pequena e cubra-o com a xícara de água. Adicione o sal e deixe ferver. Assim que estiver borbulhando vigorosamente, abaixe o fogo para que cozinhe lentamente. Tampe a panela. Se a tampa não fechar bem, primeiro cubra a panela com papel-alumínio e depois tampe. Cozinhe em fogo baixo por 15 minutos. Retire a panela do fogo e deixe descansar por 5 minutos, depois afofe o arroz com um garfo.

Arroz basmati

Lave ½ xícara de arroz basmati em água fria, esfregando-os com as mãos, e escorra. Coloque-o na panela pesada com ¾ xícara de água e 1 pitada de sal. Então deixe ferver e cozinhe em fogo baixo, com a panela tampada, durante 25 minutos.

Arroz integral

Coloque ⅔ xícara de arroz integral numa panela pesada, cubra com 1⅓ xícara de água e ½ colher (chá) de sal e deixe ferver. Cozinhe em fogo baixo, com a panela tampada, por 1 hora. Verifique se a água não evaporou e, se necessário, adicione mais um pouco.

Risoto

Mais uma vez, receio que a maioria dos meus mentores culinários desprezaria a ideia de preparar risoto para uma única pessoa. Mas isso pode ser feito com muito êxito, e se você adora risoto como eu vai se divertir ao prepará-lo. Você pode fazer uma salada, arrumar a mesa e assistir ao noticiário, mexendo frequentemente e adicionando mais líquido à panela, e quando menos esperar o risoto estará pronto. Na página seguinte, apresento um risoto simplificado que exige menos atenção, portanto, se nunca fez um risoto na vida, talvez queira começar por este.

Risoto de cogumelos

- ¼ xícara de cogumelos secos, como porcini, morel ou maitake
- ½ xícara de água morna
- 2 chalotas grandes picadas
- ⅔ xícara de arroz italiano grão curto, como o arbório

- 1¼ a 1½ xícar de caldo (de galinha, pato, ganso ou legumes)
- 1 colher (sopa) de azeite
- 1 cálice de vinho branco
- 110 g de cogumelos frescos
- 1 colher (sopa) de manteiga
- Um pouco de parmesão ralado

Deixe os cogumelos secos de molho na água morna por 30 minutos. Escorra sobre uma panela pequena para coletar o líquido da imersão, depois adicione o caldo e aqueça até começar a ferver. Enquanto isso, aqueça o azeite numa panela pesada pequena e refogue as chalotas em fogo baixo de 4 a 5 minutos, até que tenham liberado seu líquido, mas ainda não estejam douradas. Adicione o arroz e refogue, mexendo sempre, por 1 minuto. Adicione o vinho e deixe reduzir até ser absorvido. Agora comece a adicionar o caldo quente, cerca de ⅓ xícara de cada vez, raspando o arroz do fundo da panela. Depois que cada adição de líquido for absorvida, adicione outra, mexendo sempre.

Enquanto isso, em outra panela pequena, refogue os cogumelos frescos em 2 colheres (chá) de manteiga. Quando tiverem soltado seu líquido, adicione os secos escorridos e misture. Quando o arroz tiver cozinhado por cerca de 20 minutos e absorvido quase todo o líquido quente, adicione os cogumelos. Acrescente o líquido restante e deixe cozinhar por 4 a 5 minutos. Retire do fogo e adicione a colher (chá) restante de manteiga e o parmesão. Sirva numa tigela aquecida e desfrute cada bocado deste rico e saboroso prato.

Risoto rápido com vitela, castanhas e cogumelos

Em seu livro mais recente, Lidia Cooks from the Heart of Italy, *a grande cozinheira italiana Lidia Bastianich nos apresenta vários risotos que não exigem o longo e paciente cozimento, mexendo sempre e adicionando aos poucos o líquido quente ao arroz. Nesta versão mais simples, você só mistura o arroz ao caldo de galinha quente junto com os demais ingredientes, e, quando tudo começa a ferver, tampa a panela e deixa cozinhar em fogo médio-alto por cerca de 17 minutos. E está pronto — um jantar completo e delicioso.*

DO QUE VOCÊ PRECISA

- 2 colheres (chá) de azeite
- 1 chalota pequena picadinha
- 3 cogumelos crimini pequenos picados
- 3 ou 4 castanhas portuguesas picadas
- Um pouco de vinho branco
- ½ a ¾ xícara de sobras de cordeiro assado em pedacinhos
- Sal e pimenta-do-reino moída na hora
- ⅔ xícara de caldo de galinha ou água e mais, se necessário
- ⅓ xícara de arroz de grão curto, como o arbório
- 2 colheres (sopa) de parmesão ralado

Aqueça o azeite numa panela pesada pequena e refogue a chalota e os cogumelos por cerca de 3 minutos, mexendo sempre, até amolecerem. Adicione as castanhas e refogue por mais 1 minuto; depois adicione o vinho e deixe reduzir um pouco. Coloque a carne, sal e pimenta-do-reino a gosto, então acrescente o caldo. Quando levantar fervura, adicione o arroz e mexa. Abaixe o fogo, tampe a panela e cozinhe por cerca de 17 minutos. Prove. Se o arroz estiver macio e cremoso, estará pronto. Senão, adicione um pouco mais de caldo e cozinhe por mais 1 ou 2 minutos. Desligue o fogo e adicione o queijo. Sirva numa tigela aquecida.

Variações

Esta é uma receita que pode ser modificada de acordo com as sobras de carne, frango, frutos do mar ou legumes que você tem em casa.

PRATOS COM ARROZ COZIDO

Todo país onde se come muito arroz parece ter sua lista de pratos à base de arroz cozido. O arroz é uma ótima base, e você não precisa se cansar dele, porque há várias formas de utilizá-lo que remetem ao país de origem. Aqui estão algumas das minhas favoritas.

Arroz frito americano

DO QUE VOCÊ PRECISA

- 1 colher (sopa) de gordura (de preferência de porco ou pato)
- 1 cebola pequena picada
- ¼ pimentão verde
- ½ talo de salsão picado
- 3 ou 4 cogumelos picados (opcional)
- Sal
- 1 pitada de pimenta calabresa
- 1 fatia de presunto tipo tender picada, ou ⅓ xícara de carne de porco assada picada
- ¾ a 1 xícara de arroz cozido
- Molho de soja

Derreta a gordura numa frigideira média e frite a cebola, o pimentão, o salsão e os cogumelos até amolecerem, de 5 a 6 minutos. Salgue levemente e adicione pimenta calabresa a gosto. Adicione o presunto ou a carne de porco, o arroz e uma porção generosa de molho de soja. Misture e deixe cozinhar até que o arroz esteja quente e um pouco dourado no fundo.

Tian provençal de arroz e verduras

"Tian" é uma palavra provençal que significa "travessa rasa de cerâmica", e existem quase tantos tipos de "tians" quanto de hortaliças. O ingrediente mais comum

costuma ser arroz cozido misturado a uma verdura, temperos aromáticos e quei-jo. Para fazer uma única porção, use uma pequena travessa individual rasa.

DO QUE VOCÊ PRECISA

- 2 punhados grandes de verdura (espinafre, couve, folhas de beterraba ou nabo)
- 1 colher (sopa) de azeite
- 1 dente de alho descascado e fatiado
- ¾ xícara de arroz cozido ou mais, se desejar

- Sal
- 1 colher (sopa) de manteiga
- Pimenta-do-reino moída na hora
- Cerca de 3 colheres (sopa) de farelo de pão
- 1 punhado generoso de um bom queijo maturado

Lave as verduras, remova e descarte os talos mais rígidos. Se estiver usando couve, corte os talos em pedaços de mais ou menos 1 cm e adicione-os. Aqueça o azeite numa frigideira ou wok e frite o alho por alguns segundos, mas não deixe dourar. Adicione as verduras, sem secá-las, e mexa. Cozinhe, adicionando mais água quando necessário, e tempere com sal. Quando estiverem macias — cerca de 3 minutos para o espinafre, um pouco mais para verduras mais grossas —, acrescente o arroz e metade da manteiga e misture. Prove o tempero e adicione mais sal e pimenta-do-reino. Transfira o conteúdo para uma travessa rasa, cubra com o farelo de pão e espalhe o restante da manteiga por cima, em pedacinhos. Espalhe queijo suficiente para cobrir a superfície. Asse em forno preaquecido a 180º C por 15 minutos. Se quiser dourar um pouco mais a superfície, leve a travessa ao forno com grill.

Variações

Um tian de abobrinha fica delicioso, e você não precisa pré-cozinhar a abobrinha. Use uma pequena e rale-a no ralador grosso. Salgue e seque-a com pano de prato, depois misture ao arroz. Prossiga como na receita anterior.

Se quiser um prato mais substancioso, misture pedacinhos de queijo de cabra ou muçarela e algumas fatias de presunto picado.

Kedgeree britânico

Jane Grigson destaca em seu livro English Food *que este prato, baseado numa invenção hindu feita com arroz e lentilhas e chamada khichri, tornou-se um dos itens favoritos do café da manhã dos britânicos. No entanto, ela alerta, o sabor do prato depende do peixe usado, então não use sobras antigas. Mas um bom peixe preparado recente e cuidadosamente (que, por exemplo, não passou do ponto) fica ótimo, e seja generoso com a manteiga e o creme de leite. Já fiz este prato com salmão, linguado e pargo-vermelho — todos ficaram ótimos.*

DO QUE VOCÊ PRECISA

- 1 colher (sopa) de manteiga
- ¼ pimenta vermelha seca
- ⅔ a ¾ xícara de arroz cozido
- ½ a ¾ xícara de peixe cozido desfiado
- Sal
- ¼ xícara de creme de leite

- ½ colher (chá) de curry em pó ou mais
- ½ ovo cozido (veja na p. 117) fatiado
- Um pouco de salsinha fresca picada

Aqueça a manteiga numa panela pesada pequena e adicione a pimenta vermelha. Deixe fritar e escurecer, depois retire e descarte. Adicione o arroz e o peixe à panela, salgue a gosto e deixe aquecer em fogo baixo. Enquanto isso, cozinhe o creme de leite e o curry em pó em fogo baixo até que o creme de leite engrosse. Transfira o arroz e o peixe para uma tigela aquecida, espalhe o creme de curry por cima e decore com as fatias de ovo cozido e a salsinha picada.

Sobras de arroz indiano com cogumelos

Esta é uma receita adaptada do primeiro livro de Madhur Jaffrey, An Invitation to Indian Cooking, *escrito quando nenhum de nós conhecia as especiarias e as pimentas que ela nos apresentou. É um prato simples que realça sobras de arroz de maneira surpreendente. Você pode consumi-lo como almoço ou jantar leve, ou como acompanhamento de uma carne ocidental. Gosto dele sozinho, com um pouco de Raita de pepino (p. 169) .*

DO QUE VOCÊ PRECISA

- 1 colher (sopa) de óleo vegetal
- Cerca de ⅓ de 1 cebola média bem picadinha
- 3 cogumelos médios cortados em quadradinhos
- ¼ a ⅓ de pimenta chili verde em fatias finas
- ½ colher (chá) de coentro em pó

- ½ colher (chá) de cominho em pó
- ⅔ xícara de arroz cozido
- 2 a 3 colheres (sopa) de caldo de frango ou de carne, ou água
- Sal
- 1 punhado de folhas de coentro picadas (opcional)

Aqueça o óleo numa frigideira pequena e adicione a cebola. Refogue por alguns minutos, depois adicione os cogumelos e continue refogando, mexendo sempre, por 3 ou 4 minutos. Adicione a pimenta fatiada e, após 1 minuto, adicione o cominho, o coentro e o arroz. Mexa vigorosamente, soltando bem o arroz, e cozinhe em fogo baixo por 5 minutos. Se o arroz estiver grudando, coloque um pouco de água, tampe e cozinhe em fogo baixo por mais ou menos 5 minutos, adicionando mais caldo se necessário. Prove e adicione sal a gosto. Coloque o arroz num prato aquecido e espalhe um pouco de coentro fresco por cima, se tiver e gostar.

Salada de arroz para sushi com legumes

Esta é uma receita japonesa simples com arroz cozido que Hiroko Shimbo me mostrou quando perguntei o que ela faria com sobras de arroz. É feita com arroz para

182 *O prazer de cozinhar só para você*

sushi. Como Hiroko ressalta em seu livro The Sushi Experience, *é o arroz que faz o sushi, não os pedacinhos decorativos ou saborosos enrolados no arroz tempera-do. Este é um daqueles pratos que podem sofrer variações dependendo da estação, mas é difícil aprimorar a deliciosa versão de verão que apresentamos aqui.*

DO QUE VOCÊ PRECISA

- 1 xícara de arroz cozido*
- 1½ colher (sopa) de vinagre de arroz ou de vinho branco
- 1 colher (chá) de açúcar
- ½ colher (chá) de sal
- Cerca de ⅓ de 1 abobrinha pequena cortada em cubinhos (⅓ xícara)

- ⅓ xícara de grãos de milho retirados da espiga
- 1 tira de pimentão vermelho cortada em cubinhos (¼ xícara)
- 1 colher (chá) de óleo vegetal ou azeite
- 2 colheres (sopa) de gengibre em conserva picado

* Hiroko, é claro, usa arroz para sushi de grão curto, mas você pode usar o de grão médio ou mesmo longo.

O arroz deve estar morno quando misturado ao tempero, então, se esti-ver gelado, derrame água fervente sobre ele numa peneira ou aqueça-o rapidamente no micro-ondas. Coloque o arroz numa tigela (de preferên-cia de madeira) e solte os pelotes. À parte, misture o vinagre, o açúcar e o sal e espalhe a mistura sobre o arroz. Mexa bem. Misture a abobri-nha, o milho e o pimentão com o óleo. Aqueça uma frigideira ou wok e refogue os legumes em fogo alto até cozinharem levemente, de 1 a 2 mi-nutos. Numa tigela para servir, misture tudo com o gengibre em con-serva e sirva quente ou em temperatura ambiente, usando hashis.

Variação

Para uma salada de inverno, Hiroko usaria couve-flor, vagem, cenoura ou talvez couve russa.

Arroz selvagem

Arroz selvagem na verdade não é arroz — é um grão —, e a melhor variedade vem dos índios americanos do Meio-Oeste, que o colhem da maneira tradicional, batendo os grãos maduros em sua canoa na época da colheita. A variedade processada é boa e demora menos tempo para cozinhar, mas não tem a textura da selvagem. Como um bom nativo de Minnesota, Evan sempre comprou arroz selvagem de Blackduck, Minnesota, e mantive a tradição, encomendando arroz selvagem Slindee, como agora são conhecidos os produtores. O arroz selvagem leva cerca de 1 hora para cozinhar, então não serve para um jantar rápido. Mas fica ótimo reaquecido, e sempre faço a mais para aproveitá-lo de várias maneiras.

DO QUE VOCÊ PRECISA

- ¾ xícara de arroz selvagem
- 1 pitada generosa de sal

- Cerca de 3½ xícaras de água ou caldo de galinha, ou uma mistura de água e caldo

Lave o arroz em água, esfregando-o nas mãos. Escorra e coloque numa panela pesada pequena com 3 xícaras de água fria ou caldo e sal. Deixe ferver, então abaixe o fogo, mantendo a fervura. Deixe a panela semi-tampada e cozinhe, adicionando mais água se necessário. Após 50 minutos, prove — se o grão estiver macio e o líquido tiver sido absorvido, estará pronto. Caso contrário, cozinhe por mais 5 a 10 minutos.

Arroz selvagem pilaf

DO QUE VOCÊ PRECISA

- 1 porção de arroz selvagem cozido (receita anterior)
- 4 ou 5 cogumelos cortados em 4

- 3 ou 4 cebolinhas cortadas ao meio no sentido do comprimento (se forem muito finas, deixe-as inteiras)

184 *O prazer de cozinhar só para você*

- Cerca de 2 colheres (chá) de manteiga ou azeite
- 1 pequeno punhado de ervilhas--tortas
- 1 punhado de amêndoas em lascas
- Algumas fatias de presunto cortadas em tiras (opcional)

Se o arroz selvagem cozido estiver frio, derrame água fervente sobre ele para aquecê-lo. Refogue os cogumelos na manteiga ou no azeite durante 3 a 4 minutos. Coloque o arroz aquecido, as cebolinhas e as ervilhas--tortas na panela e cozinhe por 1 ou 2 minutos. Corrija o tempero, coloque tudo num prato aquecido e espalhe as amêndoas por cima. Só adicione presunto se quiser um prato mais substancioso, e pode adicioná-lo durante o último minuto de cozimento, apenas para aquecê-lo.

Variação

Experimente outras hortaliças de acordo com a estação: aspargos, abobrinha em palitos, vagens ou favas branqueados, ou ainda corações de alcachofra.

Salada de arroz selvagem

DO QUE VOCÊ PRECISA

- ¾ xícara de arroz selvagem cozido (p. 183)
- ½ talo de salsão picado
- ¼ de chouriço picado, ou 4 ou 5 camarões pequenos cozidos, ou ambos
- ⅛ pimentão vermelho grande picado
- 1 cebolinha picada
- Sal e pimenta-do-reino moída na hora
- 2 colheres (sopa) de ervas picadas (salsinha, folhas de salsão, manjericão ou estragão, se disponíveis)

DECORAÇÃO

- Folhas de alface
- Algumas azeitonas pretas

TEMPERO

• 3 a 4 colheres (sopa) de vinagrete (p. 158)

Misture os ingredientes da salada, adicionando sal e pimenta-do-reino a gosto. Adicione o tempero e misture novamente. Coloque num prato para salada e cerque com a alface e as azeitonas pretas.

Variações

Use qualquer arroz ou grão cozido em vez do arroz selvagem e varie os ingredientes de acordo com seu gosto. Frango, peru e presunto ficam ótimos, e você pode usar outras hortaliças, como aspargos, ervilhas--tortas, funcho ou pepinos pequenos.

Panqueca de arroz selvagem

É provável que esta panqueca não fique muito bonita. Mas quem se importa? É só para você e fica deliciosa. Gosto dela com 1 ou 2 fatias de salmão defumado e 1 colherada de creme azedo, ou de um bom iogurte integral. Mas a panqueca fica ótima com muitas coisas.

DO QUE VOCÊ PRECISA

• ⅔ a ¾ xícara de arroz selvagem cozido
• 3 cebolinhas bem picadas
• Sal e pimenta-do-reino moída na hora

• 2 colheres (chá) de farinha de trigo instantânea
• 1 ovo
• Óleo vegetal

Misture o arroz com a cebolinha e tempere com sal e pimenta-do-reino a gosto. Bata a farinha de trigo com o ovo e adicione ao arroz selvagem. Misture bem. Coloque 1 fina camada de óleo no fundo de uma frigideira grande e aqueça. Então, pegue metade da massa de arroz selvagem e coloque na frigideira. Achate rapidamente com uma espátula. Faça o mesmo com o restante da massa. Ela vai espirrar, então tenha cuidado. Quando um lado estiver crocante, vire a panqueca com a espátula da melhor forma que puder e doure o outro lado.

MASSAS

Trabalhando com Lidia Bastianich, aprendi a arte de fazer um rápido prato de massa: Ferva uma panela grande de água salgada, adicione o macarrão e deixe cozinhar enquanto prepara um molho. Quando o macarrão estiver al dente, transfira-o para a panela com o molho, para que possam se misturar bem. É um trabalho rápido, e tudo tem um propósito, até mesmo a água do cozimento, quando você precisa diluir seu molho. E é a maneira perfeita de preparar um jantar balanceado, saboroso e rápido para uma pessoa, usando ingredientes da despensa, sobras da geladeira ou hortaliças colhidas no quintal ou compradas na feira.

Penne com atum, tomates italianos e azeitonas pretas

DO QUE VOCÊ PRECISA

- Sal
- 55 a 85 g de penne, conforme o apetite (parafuso ou conchinhas também podem ser usados)
- 1 colher (sopa) de azeite
- 1 cebola pequena ou 1 chalota grande em fatias finas
- 2 ou 3 tomates italianos maduros cortados em pedaços
- Um pouco de vinho branco
- 60 a 85 g de atum enlatado em óleo*
- 10 azeitonas pretas sem caroço e cortadas em 4

Arroz, massas, grãos e leguminosas **187**

- 1 dente de alho descascado e fatiado fin
- 1 punhado generoso de salsinha fresca picada

---

* Isto equivale a ½ lata de 150 g de atum em óleo. Use a outra metade para preparar um sanduíche ou salada. Se encontrar latas pequenas, não deixe de comprá-las. O importante é que o atum seja conservado em óleo.

Ferva uma panela grande com água e 1 colher (sopa) de sal. Quando estiver fervendo vigorosamente, adicione o macarrão e mexa.

Aqueça o azeite numa frigideira média e refogue a cebola ou chalota por 3 ou 4 minutos, até amolecer. Adicione as fatias de alho e os tomates e refogue por mais 1 minuto. Acrescente o vinho e deixe reduzir. Despedace o atum e adicione à frigideira. Acrescente as azeitonas. Adicione pelo menos ¼ xícara da água do cozimento do macarrão para diluir o molho. Quando o macarrão estiver al dente (prove para confirmar), transfira-o para a panela do molho com uma escumadeira e mexa bem, cozinhado tudo junto por 1 minuto. Adicione sal se necessário e mais água do cozimento se o molho estiver seco demais. Coloque o macarrão e o molho numa tigela aquecida e espalhe salsinha por cima.

Parafuso com cogumelos, fígado e tomates-cereja

DO QUE VOCÊ PRECISA

- Sal
- 55 g de macarrão parafuso ou mais, se desejar
- 1 colher (sopa) de azeite
- 6 cogumelos crimini médios picados
- 1 chalota grande picada
- 1 dente de alho descascado e cortado em fatias finas
- 9 ou 10 tomates-cereja cortados ao meio
- 35 a 55 g de sobras de fígado de vitela cozido, de preferência rosado no meio
- Pimenta-do-reino moída na hora
- 2 a 3 colheres (sopa) de parmesão ralado

188   *O prazer de cozinhar só para você*

Enquanto o macarrão cozinha numa panela grande com água salgada (veja receita anterior), aqueça o azeite numa frigideira média e refogue os cogumelos, a chalota e o alho, só até amolecerem. Adicione os tomates-cereja e continue refogando de 3 a 4 minutos, até que tenham soltado seu suco. Corte o fígado em pedaços pequenos, adicione-os à frigideira e tempere com sal e pimenta-do-reino. Retire do fogo, porque você não quer que os pedaços de fígado cozinhem. Quando o macarrão estiver al dente, transfira-o para a frigideira com o molho e aqueça os dois juntos, adicionando um pouco da água do cozimento do macarrão se o molho estiver espesso demais. Fora do fogo, adicione metade do queijo e mexa. Polvilhe o restante do queijo logo antes de comer.

Variação

Se não tiver sobras de fígado de vitela, use 3 ou 4 fígados de galinha, e nesse caso precisam ser cozidos. Então, depois que os cogumelos, a chalota e o alho tiverem amolecido, coloque-os de lado na frigideira e doure os fígados no centro, depois rompa-os e termine de cozinhar com os tomates.

Penne com folhas de nabo e alho

DO QUE VOCÊ PRECISA

- Sal
- 6 talos de folha de nabo
- 55 g a 70 g de penne ou outro macarrão
- 1 dente de alho descascado e fatiado

- 1 colher (sopa) de azeite
- 2 ou 3 dentes de alho assados*
- 1 pitada de pimenta calabresa
- ¼ xícara de parmesão ralado ou mais, se necessário

---

* O alho assado não é essencial para este prato, mas por acaso eu tinha uma cabeça que tinha acabado de assar quando estava preparando esta receita, e achei que adicionou um toque sutil e saboroso.

Encha uma panela grande quase até a borda com água salgada e deixe ferver. Enquanto isso, prepare as folhas de nabo cortando os talos e descascando-os. Quando a água estiver fervendo vigorosamente, coloque todas as folhas numa peneira e a coloque dentro da água fervente. Branqueie as folhas por 1 minuto, depois retire e lave em água fria. Este branqueamento preliminar firma a cor e diminui o amargor, principalmente das folhas de nabo. Depois de escorrer bem, corte os talos em pedaços de mais ou menos 2,5 cm. Agora coloque o penne na água fervente e, enquanto cozinha, refogue as fatias de alho no azeite numa wok ou frigideira média. Quando o alho tiver amolecido, adicione as folhas de nabo e esprema os dentes de alho assado sobre elas. Mexa bem, salgue a gosto e espalhe a pimenta. Cozinhe até que as folhas estejam macias e retire do fogo.

Quando o macarrão estiver al dente, retire da água e adicione-o às verduras. Aqueça bem, tire do fogo e acrescente cerca de ¼ xícara de parmesão ralado. Transfira para uma tigela aquecida e polvilhe mais queijo, se desejar.

Linguine com molho de salmão defumado

DO QUE VOCÊ PRECISA

- Sal
- 55 a 85 g de linguine
- 1 colher (chá) de manteiga
- 2 cebolinhas cortadas em fatias finas
- Um pouco de vodca
- 2 ou 3 fatias de salmão defumado

- 3 a 4 colheres (sopa) de creme de leite fresco
- Pimenta-do-reino moída na hora
- 1 colher (chá) de alcaparras lavadas
- 1 punhado de salsinha fresca picada

Enquanto o linguine estiver cozinhando (veja p. 186), derreta a manteiga numa wok pequena ou frigideira média. Adicione a cebolinha e refogue por 1 minuto, mexendo sempre. Acrescente a vodca e deixe reduzir um pouco. Desfie ou corte o salmão em pedaços pequenos e adicione-os ao molho. Acrescente o creme de leite e deixe ferver levemente. Quando o linguini estiver al dente, retire-o da panela com uma escumadeira, deixando a água escorrer, e misture ao molho. Moa a pimenta-do-reino generosamente sobre o macarrão, adicione as alcaparras e a salsinha e depois coloque tudo numa tigela aquecida.

Espaguetinho com vôngole e mexilhões

DO QUE VOCÊ PRECISA

- 55 a 85 g de espaguetinho
- 4 ou 5 vôngoles (veja variação)
- 110 g de mexilhões
- 1 colher (sopa) de azeite
- 1 dente de alho grande descascado e fatiado

- Um pouco de vinho branco
- 1 ou 2 colheres (chá) de manteiga
- Pimenta-do-reino moída na hora
- 1 punhado de salsinha fresca picada

Enquanto o espaguetinho cozinha (veja na p. 186), lave os vôngoles e os mexilhões numa tigela com água fria, removendo sujeira e fiapos desses últimos. Aqueça o azeite numa frigideira média ou wok pequena e adicione o alho. Refogue de 1 a 2 minutos em fogo médio, sem deixar o alho dourar. Acrescente o vinho e deixe ferver, depois adicione os vôngoles. Tampe e cozinhe por 2 minutos antes de adicionar os mexilhões. Cozinhe com a panela tampada por mais alguns minutos, até que as conchas se abram (descarte as que não abrirem).

Quando o espaguetinho estiver al dente, transfira-o para a frigideira com os frutos do mar. Adicione 1 ou 2 colheres (chá) de manteiga e misture. Deixe cozinhar por 1 minuto, banhando com o líquido da própria frigideira. Tempere com algumas pitadas de pimenta-do-reino e espalhe salsinha por cima. Sirva numa tigela aquecida.

Variação

Mariscos pequenos podem ser usados no lugar dos vôngoles, ou faça um molho usando apenas mariscos ou apenas mexilhões.

MOLHOS PARA MASSA FEITOS COM SOBRAS E TESOUROS DO FREEZER
Molho de carne (p. 47)
Molho de ossobuco e rabo de boi (p. 51)
Molho de cordeiro assado com cogumelos (p. 63)
Molho cremoso de vitela (p. 69)
Molho de camarão e tomate (p. 80)
Molho de ratatouille (p. 143) Espaguete com pesto (p. 166)

GRÃOS

Cevada

A cevada é um grão antigo que pode ser usado em sopas, ensopados e saladas, ou como acompanhamento para carnes. O que encontramos à venda hoje costuma ser o grão processado, com a casca removida, portanto cozinha mais rapidamente. Seu sabor combina muito com cogumelos, e eu aprecio particularmente com cordeiro.

Ensopado de cordeiro, cogumelos e cevada

Para ser feito quando você tiver sobras de cordeiro assado, este é um prato único que pode ser saboreado diretamente na pequena travessa individual na qual foi preparado.

192   *O prazer de cozinhar só para você*

DO QUE VOCÊ PRECISA

- ½ xícara de cevada
- 1½ xícara de caldo de cordeiro (veja introdução na p. 200) ou sobras de molho de cordeiro ou suco da panela com água
- 2 colheres (chá) de manteiga ou óleo vegetal
- 1 chalota, ou ½ cebola pequena, picadinha
- 3 ou 4 cogumelos cortados 4
- Um pouco de vinho branco
- ½ a ¾ xícara de cordeiro cozido cortado em pedacinhos
- Sal
- Pimenta-do-reino moída na hora
- 1 punhado de salsinha fresca picada misturada com um pouco de manjerona fresca ou seca
- 1 colher (sopa) de farelo de pão
- Um pouco de azeite

Numa panela pequena, cozinhe a cevada com a maior parte do caldo de cordeiro, verificando de vez em quando se o líquido não evaporou e adicionando mais quando necessário. Após 35 a 40 minutos, a maior parte do líquido deve ter sido absorvida e a cevada deve estar macia. Reserve. Enquanto isso, aqueça a manteiga ou óleo numa panela pequena e refogue a chalota até amolecer. Adicione os cogumelos e cozinhe de 2 a 4 minutos, mexendo de vez em quando. Adicione um pouco de vinho branco e cozinhe para reduzir. Preencha o fundo de uma travessa individual com metade da cevada, depois com os cogumelos e pedaços de cordeiro e, por fim, com o restante da cevada, temperando cada camada com sal, pimenta-do-reino e ervas. Polvilhe o farelo de pão por cima e cubra com um pouco de azeite. Asse em forno preaquecido a 180° C por 20 minutos.

Cuscuz

Preparar um delicioso cuscuz marroquino costumava ser trabalhoso — cozinhar no vapor, peneirar e afofar os pequenos grânulos feitos com semolina de trigo durum exigia muito tempo. Mas agora há cuscuz pré-cozido que leva minutos para preparar. Pode não ter a mesma textura leve de antigamente, mas é ótimo para o

cozinheiro que chega em casa querendo preparar uma refeição fácil e balancea-
da. Lembro-me de Claudia Roden, anos atrás, me apresentando este grão do norte
da África. Estávamos cozinhando para um jantar que ela estava oferecendo, tra-
balhando juntas na sua confortável cozinha decorada com azulejos do Oriente
Médio, em Wild Hatch, nos arredores de Hampstead Heath, em Londres. Ela me
fez afofar o cuscuz, me ensinando todas as etapas, enquanto conversávamos e nos
conhecíamos melhor. Aquilo me fez lembrar da descrição dela — em seu primei-
ro e inovador livro, A Book of Middle Eastern Food *— sobre as mulheres de sua*
família no Cairo, onde cresceu, que passavam as tardes moldando e recheando fo-
lhados e se divertindo muito. Parece que esquecemos como cozinhar em grupo nos
oferta esse tipo de prazer. Mas eis aqui uma fórmula simples para preparar cus-
cuz para uma pessoa.

DO QUE VOCÊ PRECISA

- 1 pitada de sal
- ⅔ xícara de cuscuz

- 1 colher (chá) de manteiga
  ou azeite

Aqueça ⅔ xícara de água e sal numa panela pequena. Assim que levantar fervura, adicione o cuscuz e a manteiga ou azeite e mexa por 30 segundos. Retire do fogo, tampe e deixe descansar por 5 minutos. Afofe
o cuscuz com um garfo e está pronto para ser usado. É bom puro ou com
legumes e fica particularmente delicioso com sobras de carne assada ou
ensopada (veja a receita de Cuscuz com cordeiro, cebolas e uvas-passas,
p. 65). Também fica bom em saladas, temperado com os mesmos ingredientes da Salada de arroz selvagem (p. 184).

Farro

Provei farro, um dos grãos favoritos de Lidia Bastianich, pela primeira
vez quando estávamos fotografando para seu livro *Lidia's Italy*, e no almoço provamos seu incrível prato de farro com feijão-branco, grão de
bico e mexilhões. Imediatamente comprei um pouco de farro e o tenho

usado desde então, criando pratos simples mas perfeitos para uma pessoa com este grão que parece cevada e tem sabor marcante.

Farro com legumes assados

DO QUE VOCÊ PRECISA

- ½ pimentão vermelho
- 1 cogumelo portobello grande ou 2 ou 3 cogumelos shitake
- 1½ colher (sopa) de azeite
- Sal
- ½ xícara de farro
- ½ folha de louro

Fatie o pimentão ao meio no sentido do comprimento e remova o talo e as sementes. Corte os talos dos cogumelos (guarde-os para sopa) e passe um pouco de azeite e sal no pimentão e nos cogumelos. Coloque os pimentões sobre papel-manteiga ou tapete de silicone numa assadeira e leve ao forno preaquecido a 220° C. Após 15 minutos, vire-os e coloque os cogumelos na assadeira, com o topo para cima.

Enquanto isso, lave o farro, esfregando-o nas mãos, e escorra. Coloque-o numa panela pequena com 1½ xícara de água, 1 boa pitada de sal, a meia folha de louro e o restante do azeite e deixe ferver. Abaixe o fogo e deixe cozinhar, com a panela tampada, por 30 minutos. A essa altura, a água já deve ter evaporado por completo (senão, remova a água restante) e o pimentão e os cogumelos devem estar macios. Retire a pele queimada dos pedaços de pimentão. Coloque metade do farro numa tigela para sopa; disponha os cogumelos por cima, junto com as fatias de pimentão.

Variações

Você pode usar outros legumes assados para decorar o farro, ou sirva-o puro como acompanhamento de uma carne.

Segunda rodada

A porção de farro reservada pode virar uma boa salada com 1 lata pequena de atum misturada a ela, juntamente com 1 tomate maduro picado, 1 ou 2 cebolinhas e salsinha. Misture levemente com um pouco de vinagrete (p. 158).

Polenta

A polenta é outra excelente base para sabores sutis e sobras, bem como um saboroso acompanhamento para carne e frango assados. Mas não é para um jantar rápido durante a semana, porque a polenta clássica exige cozimento longo, tem de ser mexida frequentemente e não é fácil preparar uma quantidade pequena. Então, descobri que uma boa solução é fazer esta polenta assada, ou usar uma polenta de cozimento rápido (veja receita na p. 197).

Polenta assada com legumes

Esta receita é inspirada em uma que Marion Cunningham criou para seu livro Cooking with Children, *quando descobriu que as crianças de sua aula de culinária não tinham paciência para ficar mexendo algo durante 40 minutos. Rende um jantar substancioso, e minha versão permite que você seja flexível com os legumes acrescentados, então pode usar sobras. Se deseja um bolo crocante de polenta para saborear depois, aumente a receita adicionando mais ¼ xícara de polenta e ¾ xícara de água morna. Assim terá polenta extra para assar ou fritar.*

DO QUE VOCÊ PRECISA

- 1½ colher (sopa) de azeite
- ½ cebola pequena, ou 1 chalota, picada
- 3 ou 4 tiras de pimentão assado picado ou outros legumes cozidos (veja sugestões na p. 196)

- ½ tomate pequeno picado
- 3 colheres (sopa) de espinafre cozido, couve ou folhas de beterraba picadas
- ½ colher (chá) de sal ou mais, se necessário
- ⅓ xícara de polenta de grão médio
- 1 xícara de água morna
- 2 a 3 colheres (sopa) de parmesão ralado

Aqueça 1 colher (sopa) do azeite numa frigideira pequena e refogue a cebola por alguns minutos; depois adicione o tomate e cozinhe por mais 2 minutos. Coloque os demais legumes cozidos, salgue levemente e tire do fogo. Insira a polenta numa travessa rasa pequena, acrescente a água morna e o restante do azeite. (Se quiser sobras, não se esqueça de adicionar a polenta e a água extras.) Adicione os legumes refogados, tempere com o restante do sal e misture tudo. Asse em forno preaquecido a 180° C por 25 minutos, depois polvilhe com parmesão ralado (eu costumo colocar a terceira colher (sopa) sobre a porção que vou consumir na hora). Asse por mais 5 minutos, ou até que todo o líquido seja absorvido. Se eu tiver feito a quantidade maior de polenta, retiro o excesso e reservo. Consumo nesta primeira vez todos os legumes com a polenta.

Variações

Você pode variar os legumes cozidos a gosto — aspargos picados, corações de alcachofra cortados em 4, pedaços de abobrinha, floretes de brócolis e tudo mais que a horta oferecer no verão. Se não tiver pimentão assado, use cerca de ¼ de pimentão fresco, de qualquer cor, adicione presunto picado ou fatias de linguiça picante. Planeje comer todos os acompanhamentos com a primeira porção, guardando para depois a polenta pura.

Segunda rodada

POLENTA ASSADA OU FRITA

Pegue o restante da polenta na mão e molde-a delicadamente num pedaço oval ou redondo. Se for muito, faça dois. Preaqueça o forno. Pincele levemente a polenta com azeite e coloque numa assadeira. Asse o bolinho até dourar e formar uma casca por cima. Se quiser que fique ainda mais crocante, tente virar e dourar do outro lado. Para fritar, unte com azeite uma frigideira grande para caber a polenta. Aqueça e adicione a polenta com cuidado. Frite até dourar, depois vire e faça o mesmo do outro lado. Sirva com carne ou com frango suculento. Ou experimente com manteiga e xarope de bordo morno no café da manhã.

Jantar rápido com polenta

Recentemente, descobri uma polenta instantânea que funciona muito bem. Experimente, e você pode preparar um substancioso jantar com polenta em mais ou menos 15 minutos.

DO QUE VOCÊ PRECISA

- 1 xícara de caldo de galinha
- 2 colheres (chá) de azeite
- 1 dente de alho descascado e cortado em fatias finas
- 1 tomate italiano maduro picado
- Cerca de 1 xícara de carne cozida picada ou desfiada, como sobras de cordeiro, carne de boi ou vitela assados ou frango

- 1 chalota pequena
- Um pouco de vinho tinto
- ⅓ xícara de polenta instantânea
- 1 pitada de sal
- 1 colher (chá) de manteiga
- 1 colher (sopa) de parmesão ralado
- 1 ramo de manjericão fresco ou um pouco de salsinha fresca picada

Coloque o caldo para ferver. Enquanto isso, aqueça o azeite numa panela pequena e refogue a chalota por 1 minuto, depois adicione o alho e o tomate e refogue por mais 1 ou 2 minutos (o tomate não deve cozinhar). Adicione os pedaços de carne e misture, depois acrescente o vinho e reduza um pouco. A essa altura, o caldo deve estar fervendo. Adicione a polenta ao caldo num fluxo lento e constante, mexendo sem parar, e continue cozinhando e mexendo durante 1 minuto. Retire a panela do fogo, adicione sal a gosto e acrescente a manteiga e metade do parmesão. Transfira para um prato aquecido e arrume a carne por cima. Polvilhe com o restante do queijo e cubra com 1 ramo de manjericão, se tiver. Senão, use salsinha picada.

Mingau de canjica

Não conheço nenhum chef que leve a própria canjica em viagens além de Scott Peacock. E é compreensível. Depois de provar uma variedade específica, é difícil aceitar outra. Mas espero que ele me perdoe por oferecer aqui uma receita que leva canjica comum do supermercado. Ela cozinha em 20 minutos, e peguei emprestado o método de Scott, de cozinhá-la parcialmente em leite, o que a deixa muito mais cremosa. Dessa forma, talvez você fique tão viciado em mingau de canjica que mande buscar a variedade vendida no sul dos Estados Unidos e passe a tarde de domingo mexendo enquanto cozinham lentamente, quanto mais tempo, melhor. De qualquer forma, a canjica fica boa com várias coisas: camarão, frango, carne de porco, presunto. Sempre faço uma quantidade maior para comer no café da manhã do dia seguinte. Evite usar canjica instantânea.

DO QUE VOCÊ PRECISA

- ¾ xícara de leite
- ¾ xícara de água
- ⅓ xícara de canjica
- Sal

- 1 ou 2 colheres (sopa) de creme de leite
- Um pouquinho de manteiga

Deixe o leite e a água ferverem numa panela pesada com capacidade para 4 xícaras. Abaixe o fogo e adicione a canjica ao líquido fervente, mexendo o tempo todo, até que o líquido seja absorvido. Cozinhe lentamente em fogo baixo, mexendo com frequência e raspando a canjica do fundo da panela; adicione um pouco de água se começar a grudar. Após 20 minutos, o mingau deve estar pronto. Salgue a gosto, adicione 1 colher (sopa) ou mais do creme de leite e retire a porção que planeja comer na hora, reservando o restante. Adicione um pouquinho de manteiga por cima.

Segunda rodada

BOLINHO DE MINGAU DE CANJICA

Primeiro frite 2 fatias de bacon numa frigideira média. Quando estiverem douradas, retire as fatias e escorra em papel-toalha, deixando a gordura na frigideira. Com uma colher, pegue o restante do mingau de canjica e forme dois bolinhos parecendo hambúrgueres. Espalhe um pouco de farinha de trigo em papel-manteiga, tempere com sal e pimenta-do--reino a gosto e passe os bolinhos nela, dos dois lados. Enquanto isso, aqueça a gordura do bacon com cerca de 2 colheres (chá) de manteiga. Quando estiver borbulhando, coloque os bolinhos e frite até dourar dos dois lados. Saboreie com xarope de bordo por cima, com o bacon à parte.

Quinoa

A quinoa é um maravilhoso grão da América do Sul que pode ser encontrado na maioria dos supermercados. Pode ser usado em pratos nos quais você usaria arroz, mas ela tem uma textura adorável e um sabor marcante quando os grãos são primeiro tostados. Vale a pena tostá-los, leva apenas alguns minutos.

Quinoa com limão-siciliano

DO QUE VOCÊ PRECISA

- ¼ xícara de quinoa
- 1 colher (chá) de casca de limão-siciliano cortada em tirinhas ou de casca de limão--siciliano em conserva

- ½ xícara de água fervente
- 1 pitada de sal
- 1½ colher (chá) de suco de limão-siciliano
- 1 pitada de açafrão ou cúrcuma

Aqueça uma frigideira pesada média e coloque a quinoa. Deixe os grãos aquecerem lentamente, mexendo-os de um lado para o outro até que comecem a estalar e a dourar levemente. Retire do fogo e transfira os grãos tostados para uma assadeira pequena com tampa. Adicione água fervente, depois o sal, a casca de limão-siciliano, o suco de limão e o açafrão ou cúrcuma e misture tudo. Tampe (se a tampa não for hermética, sele antes a superfície com um pedaço de papel-alumínio) e asse em forno preaquecido a 200° C por 25 minutos.

Gosto de servir a quinoa cercada por legumes assados — 1 pastinaca, 1 abobrinha pequena, 1 pedaço de pimentão vermelho, 1 fatia de funcho. Os legumes, com exceção da abobrinha, levarão 5 a 10 minutos a mais para assar, então, depois de temperá-los com azeite e sal, coloque-os numa assadeira forrada com tapete de silicone e asse-os antes, depois coloque a assadeira de quinoa ao lado e deixe que terminem de assar juntos.

TRIGO PARA QUIBE

O trigo para quibe é formado por grãos de trigo partidos torrados e moídos grosseiramente.

Trigo para quibe com sobras de cordeiro

Eu criei este prato quando tinha sobras de cordeiro assado malpassado. Eu havia tirado quase toda a carne do osso, mas ainda havia o suficiente para fazer um caldo, então coloquei a carne e o osso numa panela com 1 cebola e 1 cenoura, adicionei água fria e deixei cozinhar por cerca de 1 hora. Isso rendeu mais ou menos 5 xícaras de caldo de cordeiro, que congelei.

DO QUE VOCÊ PRECISA

- 1 colher (sopa) de uvas-passas
- 1 xícara ou mais de caldo de cordeiro ou outro caldo de carne diluído em água
- ½ xícara de trigo para quibe
- 1 colher (sopa) de azeite
- 1 cebola pequena
- 1 dente de alho descascado e cortado em fatias finas
- 4 ou 5 cogumelos médios picados grosseiramente
- 4 ou 5 pedaços de cordeiro assado
- ½ colher (chá) de canela em pó
- Sal e pimenta-do-reino moída na hora
- 1 punhado de folhas de espinafre ou agrião
- 1 colher (sopa) de pinoles

Deixe as uvas-passas de molho em água por 30 minutos. Enquanto isso, coloque ¾ xícara do caldo de cordeiro para ferver, adicione o trigo para quibe e misture. Tampe e cozinhe em fogo alto por 20 minutos, mexendo de vez em quando e, se necessário, adicionando um pouco mais de caldo. Enquanto cozinha, refogue a cebola, o alho e os cogumelos até amolecerem. Adicione o cordeiro e deixe dourar um pouco, depois tempere com a canela, sal e pimenta-do-reino a gosto. Adicione ¼ xícara de caldo. Escorra as uvas-passas, pressionando-as para remover a água e adicione-as. Cozinhe por alguns minutos, depois espalhe as folhas de espinafre por cima, tampe e cozinhe só até o espinafre murchar, de 1 a 2 minutos. Sirva numa tigela aquecida com pinoles espalhados por cima.

LEGUMINOSAS

O termo "leguminosa" se refere a todas as plantas que têm grãos produzidos em vagens. São cultivadas no mundo todo, e alguns grãos são consumidos frescos, quando estão na época, mas a maioria é seca para ser consumida o ano todo. Hoje temos uma imensa variedade de leguminosas para escolher e muitos estilos étnicos de cozinhá-las para nos inspirar. Os grãos são muito convenientes para o cozinheiro que busca preparar um prato nutritivo e com novo sabor usando sobras da véspera, e, embora o molho preliminar e o cozimento longo possam parecer trabalhosos, não é o tipo de preparativo que precisa de constante acompanhamento. Também é bom ter grãos cozidos na geladeira para fazer sopas, saladas e pratos como este a seguir.

Feijão-branco com confit de coxa de pato

Este prato tem sabor parecido com o do cassoulet, mas é bem mais simples de fazer porque usa confit de coxa de pato pronto, facilmente encontrado em bons supermercados.

DO QUE VOCÊ PRECISA

- ¼ xícara de feijão-branco seco
- 1 cebola pequena picada
- ½ cenoura picada
- ½ talo de salsão picado
- 2 dentes de alho descascados e fatiados

- Cerca de ¾ xícara de caldo de pato ou galinha
- Sal e pimenta-do-reino moída na hora
- 1 confit de coxa de pato

Deixe o feijão de molho em bastante água de um dia para o outro (ou durante o dia todo). Ou use este método de "molho rápido": coloque o feijão numa panela com 2 xícaras de água; ferva por 2 minutos, desligue o fogo, tampe e deixe descansar por 1 hora. Quando estiver pronto para cozinhar, adicione os legumes aromáticos ao feijão na água do molho mais cerca de ½ xícara do caldo e cozinhe em fogo médio-alto durante quase 1 hora, ou até o feijão ficar macio (prove), adicionando mais caldo se necessário. Tempere com sal e pimenta-do-reino. Coloque o confit de coxa de pato sobre o feijão, tampe e cozinhe por 10 minutos, até que o pato esteja aquecido e tenha liberado seu sabor sobre o feijão.

Arroz, massas, grãos e leguminosas   203

Segunda rodada

Se tiver sobras, adicione-as à Sopa de feijão para o inverno (p. 102).

Feijão e asas de peru

Este prato surgiu quando eu tinha sobras de um peru grande na geladeira. Por alguma razão, ninguém come as asas. São grandes demais para ser comidas educadamente à mesa, e a carne é dura para ser fatiada e usada em sanduíches. Então vão parar na geladeira, ficando cada vez mais secas. Mas não deixe isso acontecer, porque são ótimas para 1 ou 2 pessoas quando preparadas adequadamente. E descobri que o truque é usar um feijão bem temperado.

DO QUE VOCÊ PRECISA

- ½ xícara de feijão seco, de preferência os menores
- 1 cebola média picada grosseiramente
- 2 dentes de alho descascados e fatiados
- 1 cenoura pequena, ou ½ cenoura grande, descascada e picada
- 2 asas de peru assado (uso apenas as partes com carne)

- Vários talos de salsinha fresca
- Sal e pimenta-do-reino moída na hora
- Cerca de 1 colher (sopa) de sobras de molho ou caldo de peru, ou
- 1 colher (chá) rasa de glace de viande misturado com um pouco de água
- 1 punhado de folhas de salsinha picadas

Deixe o feijão de molho em bastante água de 8 a 10 horas — de um dia para o outro ou durante o dia todo, ou use o método de molho rápido da receita anterior. Para cozinhar, escorra o feijão e coloque-o numa panela pesada pequena junto com a cebola, o alho, a cenoura e os talos de salsinha. Adicione água suficiente para ficar 3 dedos acima do feijão e deixe abrir fervura. Abaixe o fogo, tampe e cozinhe por quase 1 hora, mas prove após 50 minutos para ver se estão macios. Agora, arrume as asas numa travessa individual, cubra com papel-alumínio e leve ao forno preaquecido a 180° C. Deixe-as esquentar por 10 minutos, depois cubra-as com o feijão e com os legumes aromáticos, temperados com sal e pimenta-do-reino, e espalhe sobre eles uma pequena quantidade do caldo de feijão restante, se possível, enriquecido com um pouco de sobras de molho ou um dos substitutos sugeridos. Faça uma cobertura solta com papel-alumínio e asse a 180° C durante 20 minutos. Espalhe um pouco de salsinha por cima.

Variações

Você pode usar quase qualquer tipo de ave, como asas de pato ou ganso assadas, ou carne assada. Algumas fatias de linguiça também ficam ótimas.

Lentilhas

Ao contrário de outras leguminosas, as lentilhas não precisam ficar de molho, então são convenientes quando você quer preparar uma refeição relativamente rápida.

DO QUE VOCÊ PRECISA

- ½ xícara de lentilhas
- 2 xícaras de água
- Sal

Coloque as lentilhas numa panela pequena com água, deixe ferver e cozinhe até ficarem macias, adicionando mais água, se necessário. Isso pode levar de 25 a 35 minutos. Se a água não tiver sido completamente absorvida quando as lentilhas estiverem macias, escorra. Tempere com sal a gosto.

Arroz, massas, grãos e leguminosas   205

Variações

COM UM TOQUE INDIANO

Para um toque indiano, coloque numa panela, junto com ½ xícara de lentilhas e 1 xícara de água: ⅛ canela em pau, ¼ folha de louro, 1 dente de alho descascado, 1 fatia fina de gengibre descascado, 1 pitada de cúrcuma, sal e pimenta-do-reino. Cubra com 1 pitada de cominho tostado. Isso fica bom com arroz.

CORDEIRO COM LENTILHAS

Veja na página 60.

SALADA DE LENTILHAS COM ALHO ASSADO

Prefiro usar lentilhas francesas, mas qualquer variedade serve. Você pode usar sobras de lentilhas cozidas, mas, se estiverem geladas, aqueça-as e deixe-as absorver os sabores. Gosto de comer esta salada levemente quente, ou pelo menos em temperatura ambiente.

DO QUE VOCÊ PRECISA

- Lentilhas cozidas (veja na p. 203)
- Sal
- 6 dentes de alho assados (p. 143)
- 2 cebolinhas picadas

- 3 ou 4 ramos de salsinha fresca picada
- 3 ou 4 pedacinhos de queijo de cabra

TEMPERO

- 1 dente de alho assado
- ¼ colher (chá) de sal
- 2 colheres (sopa) de azeite

- 2 colheres (chá) de vinagre de vinho tinto

DECORAÇÃO

- Algumas azeitonas pretas

Coloque as lentilhas cozidas numa tigela e tempere com sal. Esprema o alho assado sobre elas, misture bem e acrescente a salsinha, as cebolinhas e o queijo de cabra. Para o tempero, amasse o alho e misture com o sal, o vinagre e o azeite. Espalhe o tempero sobre a salada morna, usando a quantidade que desejar. Decore com azeitonas pretas.

Lanches, doces e extravagâncias

Pães franceses e pizzas

Pão de sementes

Popovers

COLOCANDO O PÃO AMANHECIDO PARA TRABALHAR

Muffins de frutas silvestres

MANEIRAS DE APROVEITAR O LEITE

Biscoitos da caixa de gelo

Biscotti

Biscoitos de pasta de amendoim

AÇÚCAR BAUNILHADO

DICAS PRÁTICAS PARA FACILITAR A LIMPEZA

Biscoitos de aveia, passas e nozes da Schrafft

Massa para torta

Quiche para uma pessoa

Torta de maçã individual

Crepes

Crocante de pera

Maçã assada

Pudim de pão de maçã e xarope de bordo

Pudim de verão

Sorvete caseiro

Panna cotta com xarope de bordo

ALIMENTANDO VISITAS INESPERADAS

Geleia de groselha

Limão-siciliano em conserva

Pimentão assado

Siris de casca mole
EXPERIÊNCIAS COM UM PEIXE JAPONÊS
Vieiras refogadas
Arenque com molho de azedinha
OURIÇOS DO MAR
Ossobuco com gremolata
Pequeno cassoulet
Miúdos assados no marsala com cogumelos do mel
Lagosta cozida no vapor

Este último capítulo é uma coletânea de coisas que eu faria num domingo preguiçoso, ou sempre que tenho tempo para me dedicar à culinária. Eu adoro fazer pão, senti-lo se formando enquanto sovo a massa e a modelo em pequenas baguetes, reservando antes uma parte para fazer uma pequena pizza para o almoço. Domingo é um dia em que costumo preparar um café da manhã especial, com popovers, muffins de blueberry, ou crepes com xarope de bordo. E também é dia de fazer biscoitos, não só para mim, mas para todos que passarem pela minha casa e estiverem com fome.

Nos fins de semana, verifico meu estoque e, se alguma coisa estiver acabando, como molho de tomate, molho branco ou caldo de galinha, planejo refeições que peçem alguns desses itens para que eu possa fazer mais e reabastecer.

Geralmente finalizo meu jantar com um bom queijo e frutas. Mas, às vezes, tenho vontade de comer algo doce, principalmente uma sobremesa caseira que evoque lembranças gustativas tão fortes que, na primeira mordida, você se transporta misteriosamente. Então, reuni aqui algumas dessas sobremesas que ficam ótimas reduzidas a 1 ou 2 porções. Espero que as experimente e que elas o incentivem a preparar algumas sobremesas de seu próprio passado que você gostaria de recriar em versão individual.

Por fim, existem alguns pratos que todos nós adoramos, mas que geralmente não fazemos porque parecem extravagantes demais. Mas lembre-se de que está cozinhando para uma só pessoa, e uma única lagosta fresca não é uma grande extravagância. Então trate-se bem e saboreie essa e outras iguarias especiais.

LANCHES E DOCES

Pães franceses e pizzas

O que poderia ser mais gostoso num fim de semana que encher a cozinha com o aroma de pão assando? Gosto de preparar a massa do pão logo ao acordar, e, no almoço, me recompenso com uma pizza caseira. Talvez eu compartilhe uma baguete no jantar com amigos e faça alguns pãezinhos para congelar e saborear futuramente — tudo com a mesma massa. Se houver crianças em casa, eu digo o que estou fazendo e com certeza elas vão querer me ajudar. Para elas, há algo mágico em fazer pão — a maneira como cresce silenciosamente numa tigela tampada, a diversão de sovar a massa, de modelar os pães e criar vapor no forno logo antes de assar. Sem falar no sabor delicioso.

Comecei a fazer pão nos anos 1960, quando convenci Julia Child a criar uma receita de pão francês que pudesse ser assado num forno caseiro nos Estados Unidos. Naquela época, era quase impossível comprar uma baguete de casca crocante. Agora há padeiros artesanais por toda parte que já dominam as técnicas, e não há necessidade de fazer pão em casa. Mas é muito divertido.

DO QUE VOCÊ PRECISA

- 1 envelope (1 colher (sopa) rasa) de fermento biológico seco
- 1¼ xícara de água morna
- 2 colheres (chá) de sal

- 3 colheres (sopa) de farinha de trigo integral
- 3 a 3½ xícaras de farinha de trigo comum

Coloque o fermento e ¼ xícara de água morna numa tigela grande (ou na tigela da batedeira, se preferir) e mexa com os dedos para dissolver bem. Adicione o restante da água, o sal, a farinha de trigo integral e 3 xícaras de farinha de trigo comum. Misture bem, adicionando mais farinha de trigo se a massa parecer mole demais. A massa deve ficar úmida e você tem de conseguir manuseá-la com as mãos enfarinhadas. Agora, sove-a numa superfície enfarinhada, ou na batedeira usando o gancho

Lanches, doces e extravagâncias   211

para massas (você também pode usar um processador de alimentos grande). Continue sovando até ficar lisa e elástica, de 8 a 10 minutos, adicionando mais farinha de trigo se necessário, mas ainda a mantendo úmida. Sove com delicadeza.

Limpe a tigela e coloque a massa de novo dentro dela. Cubra a tigela com pano de prato ou filme plástico e deixe a massa crescer em temperatura ambiente, ou mesmo num local um pouco mais frio, se possível, até triplicar de tamanho. Nesse momento, se quiser preparar uma pizza, reserve 1 (ou 2) pedaço(s) de massa um pouco menor(es) que uma bola de beisebol e siga as instruções da página seguinte para prepará-la. Devolva o restante para a tigela limpa, cubra e deixe crescer novamente, desta vez até dobrar de tamanho.

Após o segundo crescimento, vire a massa e soque-a para que ela murche. Se você tirou massa para 1 pizza grande ou 2 pequenas, terá o suficiente para 4 minibaguetes e 1 de 40 cm.

Para as minibaguetes, separe 4 pedaços de massa menores que uma bola de beisebol. Achate-os, dobre-os ao meio no sentido do comprimento e aperte as extremidades para manter a massa unida. Com as mãos, modele cada pedaço numa baguete pequena, com cerca de 10 cm de comprimento. Sobre um pano de prato enfarinhado, arrume os pães com a borda para baixo, deixando espaço entre eles, e cubra-os com outro pano de prato. Deixe crescer por 30 minutos.

Para fazer a baguete de 40 cm, achate a massa, dobre ao meio no sentido do comprimento e sele as bordas. Agora faça um sulco no sentido do comprimento com a lateral da sua mão, ao longo do meio da massa, dobre novamente no sentido do comprimento sobre o sulco e sele as bordas. Enfarinhe a superfície de trabalho novamente e abra a massa com as mãos enfarinhadas, começando no meio e indo em direção às bordas, até abrir no comprimento de 40 cm. Transfira a massa para um pano de prato enfarinhado, com as bordas para cima, e dobre o pano por cima. Deixe crescer por 30 minutos. Enquanto isso, se tiver uma pedra para assar grande, coloque-a no forno e preaqueça a 230° C. Se não tiver, use uma assadeira e deixe-a preaquecer.

Quando estiver pronto para assar, polvilhe fubá sobre o lado mais longo de outra assadeira e, com a ajuda do pano de prato, coloque a baguete maior sobre o fubá. Faça 3 cortes diagonais na superfície da massa e depois, segurando a assadeira sobre a pedra ou sobre a assadeira quente, sacuda para que a baguete escorregue para a superfície quente. Feche a porta do forno rapidamente enquanto transfere as minibaguetes para a pedra de assar da mesma maneira, fazendo 1 corte diagonal na superfície de cada uma.

Agora você precisa criar um pouco de vapor. A maneira mais simples é colocar 12 cubos de gelo numa assadeira e colocá-la na base do forno. Eu tenho um antigo ferro de passar (que não requer eletricidade) que aqueço no fogo alto por pelo menos 15 minutos, e, quando todas as baguetes estão no forno, insiro uma panela de água fria e, com pinças, coloco o ferro dentro dela. Um jato de vapor sobe, e eu fecho a porta rapidamente.

Retire os pães pequenos após 15 minutos e deixe a baguete maior assar por mais 10 minutos. Deixe os pães esfriarem sobre uma grade.

PARA FAZER PIZZAS

Faça 2 pizzas pequenas ou 1 maior com a massa que reservou. Achate, abra com o rolo e, se decidir ousar, gire a massa sobre o punho até obter um disco bem fino, do tamanho desejado — cerca de 12 cm para a pizza menor. Coloque a massa numa assadeira ou forma para torta com fundo removível e pincele com azeite. Agora recheie com o que tiver disponível: fatias de tomate fresco, algumas colheres de molho de tomate, queijos que precisam ser consumidos (vários tipos ficam bons na pizza, e você pode usar mais de um); se quiser carne, tirinhas de presunto e linguiça ficam ótimos. Legumes levemente cozidos como corações de alcachofra, alho-poró, todo tipo de cogumelo e verduras de sabor forte combinam bem com outros recheios, ou mesmo sozinhos. E berinjela, junto com tiras de pimentão assado ou um pouco de ratatouille (p. 142), fica perfeito. Não se esqueça das azeitonas pretas ou verdes para dar um toque especial. Depois de rechear a massa, leve-a ao forno. Ou, se preferir, asse a pizza sobre uma pedra apropriada, posicionando-a com o auxílio de uma espátula grande. Asse em forno preaquecido na temperatura máxima por cerca de 12 minutos ou até que a borda esteja crocante e levemente dourada. Retire com do forno e sirva morna.

Pão de sementes

Quando sinto vontade de fazer pão no fim de semana e quero algo que não seja tão demorado quanto pão francês, costumo preparar este pão. É saudável, tem uma boa textura e rende sanduíches deliciosos. Também fica ótimo torrado para o café da manhã.

DO QUE VOCÊ PRECISA

- 1 colher (sopa) de fermento biológico seco
- 3 xícaras de água morna
- 3 colheres (sopa) de manteiga amolecida ou óleo vegetal, mais um pouco para untar
- ¼ xícara de xarope de bordo, melado ou mel
- 3 xícaras de farinha de trigo integral

- 2 a 3 xícaras de farinha de trigo comum
- ⅓ xícara de gérmen de trigo
- ½ xícara de sementes de girassol
- ¼ xícara de sementes de gergelim
- ¼ xícara de sementes de linhaça ou papoula
- 1 colher (chá) de sal

Rende dois pães de 20 cm cada

Coloque o fermento biológico na tigela da batedeira, caso queira usá-la, ou numa tigela grande. Derrame ¼ xícara de água morna sobre o fermento e deixe descansar até dissolver e borbulhar.

Adicione o restante da água, a manteiga ou óleo, toda a farinha de trigo integral e 2 xícaras da farinha de trigo comum, bem como o gérmen de trigo, as sementes e o sal. Misture bem e sove na batedeira ou com as mãos, adicionando a quantidade de farinha de trigo restante que a massa absorver. Mesmo que use a batedeira, no final sove a massa brevemente com as mãos para sentir a textura. Ela fica densa e pesada, mas não se preocupe, vai crescer. Unte a tigela e coloque a massa de volta. Cubra com filme plástico e deixe crescer em temperatura ambiente até dobrar de tamanho.

Soque a massa e divida-a ao meio. Unte duas formas para pão de 20 ou 22 cm. Modele cada pedaço: primeiro achate a massa no comprimento da forma, depois estique as laterais mais longas com as mãos e junte as bordas sob a massa. Coloque cada filão numa forma, com a borda para baixo.

Cubra as formas com pano de prato e deixe crescer novamente até que a massa esteja mais alta que a lateral do recipiente. Asse em forno preaquecido a 180° C por 45 minutos. Deixe os pães esfriarem sobre grades antes de fatiá-los.

OPÇÕES

Bem embalado em filme plástico, este pão dura 1 semana na geladeira. Costumo congelar o outro pão, cortando-o ao meio ou em 3 pedaços e embalando separadamente. Ou dê o segundo pão de presente a um amigo.

Popovers

Todos nós temos lembranças de um sabor específico e queremos recriá-lo. Eu me sinto assim em relação aos popovers, talvez porque estejam associados a discussões familiares sobre a melhor maneira de obter o popover perfeito (para mim, todos eram deliciosos). Minha tia Lucy, de Barre, Vermont, ficou maravilhada quando comprou um novo e sofisticado fogão e descobriu que os popovers podiam ser colocados no forno frio, na véspera. Tudo que ela tinha de fazer era determinar o horário e pressionar um botão para que o forno ligasse sozinho e assasse os popovers a tempo para o café da manhã. Mas a minha tia Marian, a dez quilômetros dali, em Montpelier, insistia que era impossível colocá-los no forno frio. E elas fizeram uma competição que, pelo que eu me lembro, não provou nenhuma das duas teorias. Mais recentemente, Marion Cunningham descobriu que o segredo para o popover alto e crocante por fora era usar xícaras de vidro refratário posicionadas longe umas das outras, para que o calor pudesse circular. Naturalmente, uma nova forma para popover logo foi lançada, baseada nesse princípio. Uma descoberta dela ainda mais significativa, pelo menos para quem cozinha apenas para si, foi a de que, se furarmos os popovers em vários pontos com uma faca assim que retirarmos os bolinhos do forno, o vapor escapa e eles não ficam murchos — uma dica valiosa se quiser reaquecê-los para saborear no dia seguinte. Mas não duram muito, então, quando estou sozinha, faço apenas 2 em minhas novas xícaras para popovers e saboreio um bem quente no jantar (fica ótimo com carne vermelha e me lembram dos jantares de domingo em família, com rosbife e pãozinho yorkshire) e aqueço o outro no dia seguinte para o café da manhã, a ser saboreado com manteiga e geleia. O que mais alguém poderia querer?

DO QUE VOCÊ PRECISA

- 1 ovo grande
- ⅓ xícara de leite
- 1 boa pitada de sal
- ⅓ xícara de farinha de trigo
- Manteiga amolecida

Preaqueça o forno a 200° C (estou usando o método antiquado da tia Marian). Bata bem o ovo, adicione o leite e misture bem. Acrescente o sal e a farinha de trigo e misture até incorporar. Unte 2 xícaras de vidro refratário (com 5 cm de altura e no máximo 8 cm de diâmetro) ou 2 cavidades de uma forma para popovers e coloque quantidades iguais de massa em cada uma. Coloque as xícaras numa assadeira, ou a forma, na grade do meio do forno. Asse por 25 minutos. Os popovers devem quase triplicar em altura e ficar levemente dourados. Retire do forno, remova os popovers e fure-os com a ponta de uma faca em vários pontos. Se decidir guardar 1 para o dia seguinte, embale-o em papel — não plástico — e deixe em temperatura ambiente.

Colocando o pão amanhecido para trabalhar

Comprar pão pode ser um problema para quem cozinha apenas para si, porque é muito raro encontrar pães pequenos. Mas, embora nada se compare ao fresco, o pão congela muito bem. O que costumo fazer é comprar uma baguete, ou outro pão com casca crocante, e o que não consumo no primeiro dia corto em 4 ou 5 pedaços, os embalo separadamente em papel-alumínio, coloco os pedaços num saco plástico e congelo. Dessa forma, posso tirar um pedaço pela manhã e estará pronto para consumo na hora do jantar, depois de aquecido. Faço o mesmo com pão de forma, embora dure mais tempo, então costumo congelar metade da embalagem. Se eu sentir necessidade de fazer meu próprio pão francês, preparo e modelo a massa em baguetes pequenas para congelar (veja p. 210).

É claro que há muitas utilidades para pães amanhecidos:

- Faça farelo de pão. Remova as cascas, pique o pão e bata no liquidificador ou no processador de alimentos até virar farelo. Você pode armazenar pequenos pacotes de farelo de pão no freezer.
- Use pedaços de pão amanhecido numa salada ou sopa. Para a salada, deixe o pão de molho no tempero, o suficiente para encharcar e amolecer.
- Faça croutons. Fatie o pão, tempere com um pouco de azeite e, se quiser, um pouco de alho amassado com sal e toste no forno. Fica ótimo com sopas, principalmente com molho pistou acompanhando uma bouillabaisse (veja na p. 101).
- Use fatias tostadas como base para carnes moídas, cogumelos ou outras delícias com molho.
- Faça recheio para aves, carne bovina, peixe ou legumes.
- Faça um pudim de pão com manteiga, Pudim de pão de maçã com xarope de bordo (p. 232), ou um Pudim de verão (p. 233).

Você nunca mais vai desperdiçar pão!

Lanches, doces e extravagâncias 217

Muffins de frutas silvestres

Costumo fazer estes muffins no verão, quando as frutas silvestres são abundantes e cheias de sabor. Junto as frutas e separo todos os ingredientes na véspera, e leva apenas alguns minutos para fazer a massa. Assim tenho tempo de nadar e abrir o apetite enquanto os muffins assam. Se estiver recebendo familiares e convidados, dobre a receita. Esta quantidade mais modesta vai render doze minimuffins, o que eu prefiro, mais dois muffins de tamanho tradicional, que asso em xícaras de vidro refratário. Caso não consuma tudo, eles podem ser congelados.

DO QUE VOCÊ PRECISA

- 1 xícara de farinha de trigo
- 1½ colher (chá) de fermento em pó
- 1 boa pitada de sal
- 1 ovo grande
- ½ xícara de leite ou creme de leite, ou meio a meio
- 2 colheres (sopa) de manteiga derretida e mais para untar
- 2½ colheres (sopa) de açúcar
- ½ colher (chá) de extrato de baunilha
- ¾ xícara de blueberries, framboesas, amoras ou groselhas
- Cobertura: 4 ou 5 cubos de açúcar esmigalhados, de preferência baunilhados (veja p. 224)

Misture a farinha de trigo, o fermento e o sal. Quebre o ovo numa tigela e adicione o leite, o açúcar, a manteiga derretida e a baunilha e bata. Não misture demais; a massa deve ficar com alguns pelotes. Adicione as frutas silvestres e misture. (Se estiver usando groselhas, amasse-as levemente primeiro e passeia-as em pelo menos 2 colheres (sopa) de açúcar, porque são muito azedas.) Unte uma forma para minimuffins com 12 cavidades e mais 2 xícaras de vidro refratário — ou, se preferir, 8 cavidades de uma forma para muffins de tamanho tradicional — e adicione a massa. As cavidades de minimuffins podem ser preenchidas até a borda; as tradicionais apenas até ¾ da capacidade. Asse em forno preaquecido a 200° C. Os minis ficam prontos em 20 minutos e os tradicionais em 25 minutos. Polvilhe-os com o açúcar esmigalhado. Sirva-os morno com manteiga adocicada.

Maneiras de aproveitar o leite

O leite é um ingrediente essencial em tantas receitas que você se sente obrigado a ter sempre em casa, mesmo que não beba muito. Não é comum encontrar embalagens com menos de 1 litro, então acabamos jogando boa parte dele fora. Mas há maneiras de aproveitar o leite antes que azede. Aqui estão algumas das minhas estratégias:

FAZER IOGURTE

Consumo muito iogurte, então fazer iogurte em casa é uma ótima maneira de usar o leite que sobrou. E é muito fácil. Só precisa reservar 1 colher (sopa) de qualquer iogurte integral não adoçado que tiver em casa e usá-lo para transformar 3 xícaras de leite numa tigela de iogurte cremoso. Aqueça o leite sem deixá-lo ferver e, quando surgirem bolhas nas bordas, tire do fogo. Coloque o leite numa tigela e deixe em temperatura ambiente até que consiga inserir seu dedo nele e deixá-lo ali sem incômodo. Caso prefira, use um termômetro: a temperatura deve ser de cerca de 40° C. Nesse momento, retire ½ xícara do leite morno e misture-a numa tigela pequena com a colher (sopa) de iogurte. Agora adicione a mistura de leite e iogurte à tigela de leite morno e misture bem com um batedor de claras. Tampe com filme plástico e deixe descansar num lugar quente de 6 a 8 horas. Coloco a minha tigela dentro do forno desligado e fica perfeito. Se não tiver um lugar parecido, cubra-a com um cobertor e coloque-a no seu cômodo mais quente, com o aquecedor ligado. Após 6 horas, o iogurte deve estar pronto. Se quiser deixá-lo descansando por mais tempo, ele ficará com um sabor mais azedo. Você pode duplicar o triplicar as quantidades descritas aqui. Escolhi 3 xícaras porque é a quantidade de leite que costuma sobrar em casa. Você também pode deixar o iogurte descansar em xícaras individuais em vez de numa tigela. E pode descartar o excesso de soro se preferir iogurte mais firme.

Tente usar iogurte *integral* na preparação; se estiver numa dieta restritiva, pode usar leite desnatado. Mas não deixe que seu supermercado dê as ordens. Eu me lembro de como James Beard ficou furioso quando só conseguia encontrar leite desnatado no supermercado. O gerente foi chamado, e Jim olhou para ele, apontando o dedo, e disse: "Escute aqui, você não é meu médico".

FAZER MOLHO BRANCO
Antes que o leite azede, você pode fazer molho branco, tanto para usar imediatamente quanto para congelar (veja p. 170).

FAZER UMA SOBREMESA ESPECIAL
Pudim de pão ou panna cotta (p. 235) são sobremesas tentadoras e vão ajudá-lo a consumir sobras de pão também. Ficam melhores feitas em duas porções. Divida com um amigo ou saboreie uma assim que sair do forno e a outra mais no fim da semana, gelada.

Biscoitos da caixa de gelo

É claro que atualmente o nome correto para estes biscoitos é "biscoitos de geladeira", mas mantenho "caixa de gelo" porque eles me lembram do antigo baú de gelo que usávamos nos verões em Vermont. A massa é embrulhada em papel-manteiga e levada para gelar. Depois você fatia os biscoitos na espessura que preferir e na quantidade que desejar. Asse apenas o que pretende consumir nos dias seguintes, então corte e asse mais uma fornada, assim os biscoitos estarão sempre frescos — uma dádiva para quem cozinha só para si. Você também pode brincar com a massa e variar os ingredientes, assim não se cansa do sabor. Esta é uma versão com sabor de amêndoas, que eu adoro.

DO QUE VOCÊ PRECISA

- 110 g de manteiga em temperatura ambiente
- ⅓ xícara de açúcar mascavo
- ⅓ xícara de açúcar
- 1 colher (chá) de extrato de amêndoas
- 1 ovo grande
- ¼ colher (chá) de cremor tártaro
- ¼ colher (chá) de sal
- ¼ colher (chá) de noz-moscada ralada na hora
- 1½ xícara de farinha de trigo
- ½ xícara de amêndoas em lascas

Numa tigela, bata a manteiga e os dois tipos de açúcar até formar um creme. Adicione o extrato de amêndoa, quebre o ovo na tigela e misture bem. Misture o cremor tártaro, o sal e a noz-moscada com a farinha de trigo, adicione à massa e bata até ficar homogênea. Adicione as amêndoas em lascas e misture. Coloque a massa sobre um pedaço grande de papel-manteiga enfarinhado e, com as mãos enfarinhadas, forme 1 rolo longo com cerca de 3,5 cm de diâmetro (ou, se preferir, modele 2 rolos). Agora enrole-o no papel-manteiga e leve à geladeira por várias horas ou por até 10 dias (depois disso, deve ser congelado).

Quando quiser assar uma fornada, preaqueça o forno a 200° C. Com uma faca afiada, corte fatias de pouco mais de 0,5 cm de espessura na quantidade que pretende consumir nos dias seguintes e disponha os cír-

Lanches, doces e extravagâncias 221

culos, com espaço entre eles, numa assadeira forrada com tapete de silicone ou papel-manteiga. Asse por 8 minutos. Deixe esfriar sobre uma grade.

Variações

Para variar, procure ideias em livros antigos de culinária, como *Joy of Cooking*, de Julia Child. Adoro a combinação com aveia sugerida no *Joy* e já fiz a versão condimentada usando xarope de bordo escuro em vez de melado. Existem inúmeras possibilidades.

Biscotti

Atualmente, de todos os biscoitos, o biscotti italiano é o que fico mais tentada a fazer, porque duram muito. "Biscotti" significa "assado duas vezes", o que faz com que durem e sejam muito absorventes. Além disso, o verdadeiro biscotti não possui gordura (embora algumas versões costumem incluir um pouco) e é por isso que não desmancham quando molhados no chá ou no café. Então, esta é a receita original, para saborear durante semanas.

DO QUE VOCÊ PRECISA

- 2¼ a 2½ xícaras de farinha de trigo
- 1 xícara de açúcar
- 2 colheres (chá) de cremor tártaro
- 1 colher (chá) de bicarnonato de sódio
- ½ colher (chá) de sal
- 3 ovos grandes
- 1 colher (chá) de extrato de baunilha
- 1 laranja
- 1½ xícaras de avelãs e/ou nozes tostadas

Coloque 2¼ xícaras da farinha de trigo com o açúcar, o cremor tártaro, o bicarbonato de sódio e o sal numa tigela e misture bem (manualmente ou na batedeira). Bata os ovos numa tigela separada, só para misturar as gemas às claras e então reserve 1 colher (sopa) para a pincelar no final. Adicione o restante dos ovos e a baunilha aos ingredientes secos e misture até que a massa incorpore. Se parecer úmida demais para sovar, adicione um pouco mais de farinha de trigo. Se parecer muito seca, adicione um pouco de água às partes secas. Sove algumas vezes com as mãos enfarinhadas. Agora rale a casca da laranja (eu uso o ralador de furos grandes, porque prefiro pedaços maiores de casca). Pique as avelãs grosseiramente e misture-as à massa junto com as raspas de casca de laranja para distribuí-las uniformemente. Divida a massa ao meio e modele dois rolos de aproximadamente 25 cm de comprimento. Coloque-os numa assadeira forrada com tapete de silicone ou papel-manteiga, bem afastados um do outro, e pincele as superfícies e as laterais com o ovo reservado. Asse em forno preaquecido a 180° C por 30 minutos. Abaixe o forno para 150° C, retire os 2 rolos do forno e deixe-os esfriar sobre uma grade por 10 minutos. Então, use uma faca serrilhada para cortar fatias diagonais com cerca de 1,5 cm de espessura e coloque-os numa assadeira grande. Leve de volta ao forno por 15 minutos. Retire e deixe esfriar completamente sobre grades antes de guardar.

Variações

Você pode usar frutas secas diferentes e uvas-passas na massa, bem como raspas de casca de limão-siciliano, ou ainda fazer massa de chocolate, adicionando ¼ xícara de gotas de chocolate derretidas à massa e colocando alguns pedacinhos de chocolate.

Biscoitos de pasta de amendoim

Recentemente, quando encontrei um pote de pasta de amendoim que estava no armário há algum tempo, minha frugalidade da Nova Inglaterra não permitiu que eu o jogasse fora. Em vez disso, comecei a pensar em biscoitos de pasta de amen-

Lanches, doces e extravagâncias 223

doim. Eu não os preparava havia anos, e descobri que vale muito a pena fazê-los de novo.

DO QUE VOCÊ PRECISA

- 8 colheres (sopa) de manteiga em temperatura ambiente
- ½ xícara de açúcar
- ½ xícara de açúcar mascavo
- 1 ovo grande
- ½ xícara de pasta de amendoim
- 1½ xícaras de farinha de trigo
- 1 pitada de sal
- 1 colher (chá) de fermento em pó
- Cerca de 12 cubos de açúcar (de preferência baunilhado, p. 224) esmigalhados com o rolo de abrir massa

Coloque a manteiga na tigela da batedeira e bata até formar um creme. Adicione os dois tipos de açúcar e continue batendo até misturar bem. Quebre o ovo na tigela, adicione a pasta de amendoim e bata até ficar homogêneo. À parte, misture a farinha de trigo, o sal e o fermento em pó e adicione-os aos poucos à tigela da batedeira. Bata até misturar bem.

Com as mãos ou uma colher pequena, pegue pedaços da massa e faça bolinhas menores que uma bola de golfe. Passe as bolinhas nos cubos de açúcar esmigalhados e arrume-as numa assadeira untada ou forrada com tapete de silicone, deixando 5 cm entre elas. Repita até ter usado toda a massa. Agora, com os dentes de um garfo, achate cada bolinha 2 vezes, formando o desenho de uma grade. Passe o garfo na farinha de trigo se a massa começar a grudar. Asse em forno preaquecido a 190º C por 10 minutos, até dourar levemente. Talvez seja preciso assar por mais 1 minuto, girando a assadeira. Deixe esfriar sobre uma grade antes de guardar num pote.

AÇÚCAR BAUNILHADO

Edna Lewis me ensinou o útil truque de guardar cubos de açúcar junto com 1 ou 2 favas de baunilha num pote hermeticamente fechado. Assim, quando quiser açúcar para polvilhar pudim, muffins ou cookies, esmigalhe alguns cubos com um rolo até deixá-los na consistência que desejar. Isso vai deixar a cobertura de açúcar crocante e com um toque de baunilha. Troque a fava do pote quando estiver gasta, mas dura bastante tempo.

DICAS PRÁTICAS PARA FACILITAR A LIMPEZA

Uma das reclamações que ouço sobre cozinhar em casa é que demora e faz bagunça, principalmente com tanta louça para lavar. E para uma só pessoa? A maioria das receitas pede mais tigelas do que podemos ter no armário. Descobri que, se colocar tudo sobre uma bancada perto do fogão, não vai precisar de tantas tigelas. E, no caso de receitas de pães, tortas e afins, o papel-manteiga é muito útil. Você pode misturar os ingredientes secos sobre um pedaço grande depois levantá-lo com cuidado e formar um funil para despejar o conteúdo na tigela da batedeira enquanto ela bate.

Você vai reparar que costumo indicar tapetes de silicone para forrar assadeiras. Eu separo um para assar salgados e mais alguns para biscoitos e doces. São fáceis de limpar e duram muito tempo. Pode substituí-los por papel-manteiga ou papel-alumínio untado.

Lanches, doces e extravagâncias 225

Biscoitos de aveia, passas e nozes da Schrafft

Para mim, os biscoitos de aveia industrializados não chegam aos pés dos caseiros da minha infância. Nós costumávamos comprá-los nas antigas lojas Schrafft, e, quando perguntei a Jim Beard se ele se lembrava desses biscoitos e se poderia me dar a receita, ele imediatamente ligou para empresa e conseguiu as informações para preparar uma quantidade enorme de biscoitos. Jim me ajudou a traduzir alguns dos ingredientes desconhecidos e a reduzir as quantidades. Tenho feito esse biscoito de aveia desde então, agora em pequenas quantidades. Dobre a receita se você convive com crianças.

DO QUE VOCÊ PRECISA

- 4 colheres (sopa) de manteiga
- ½ xícara de açúcar
- 1 ovo grande
- ½ colher (chá) de extrato de baunilha
- 2 colheres (sopa) de leite
- ¾ xícara de aveia (não instantânea)
- ¾ xícara de farinha de trigo

- ¼ colher (chá) de fermento em pó
- ¼ colher (chá) de bicarbonato de sódio
- ½ colher (chá) de sal
- ½ colher (chá) de canela em pó
- ¼ colher (chá) de pimenta-da--jamaica
- ½ xícara de uvas-passas
- ½ xícara de nozes picadas

Bata a manteiga e o açúcar na tigela da batedeira. Adicione o ovo, a baunilha e o leite e bata até obter um creme leve. Adicione a aveia e misture. Sobre um pedaço de papel-manteiga, misture a farinha de trigo, o fermento, o bicarbonato, o sal e as especiarias, depois forme com ele um funil e adicione os ingredientes secos à tigela da batedeira. Bata até misturar bem. Adicione as uvas-passas e as nozes.

Com uma colher de sopa, coloque porções da massa em assadeiras forradas com tapete de silicone (ou untadas), deixando um espaço de cerca de 3 cm ente elas. Asse em forno preaquecido a 180° C durante 12 minutos. Retire os biscoitos e deixe-os esfriar sobre grades.

Massa para torta

Eu faço esta massa para torta num fim de semana tranquilo, quando quero sabo-rear uma pequena quiche no almoço ou uma torta de frutas de sobremesa. De-pois guardo o restante da massa no freezer, para poder usar quando familiares ou amigos aparecerem inesperadamente, ou se eu tiver vontade de preparar algo só para mim que exija uma cobertura de massa, como a Torta de carne e rim (p. 49). Uso o processador porque é mais fácil, e, se você apertar a tecla "pulsar" com cui-dado enquanto mistura a massa, não há como errar. Aprendi com Lydie Marshall, a incomparável professora de culinária francesa, o truque de dizer "crocodilo" em voz alta para determinar a duração de cada pulso.

DO QUE VOCÊ PRECISA

- 2 xícaras de farinha de trigo
- 14 colheres (sopa) de manteiga sem sal, bem gelada
- ½ colher (chá) de sal
- 3 ou 4 colheres (sopa) de água gelada

Bata a farinha de trigo e o sal no processador de alimentos por alguns segundos para misturar. Pique a manteiga, que deve estar bem gelada, e adicione-a à farinha de trigo. Processe usando a tecla pulsar 8 vezes, demorando em cada uma delas apenas o suficiente para pronunciar "cro-codilo". Coloque 1 cubo de gelo numa xícara com 3 colheres (sopa) de água, depois derrame a água sobre a massa. Pulse novamente 8 vezes, dizendo "crocodilo" em cada pulsar. Coloque a massa numa superfície levemente enfarinhada e junte tudo. Caso haja partes secas que impe-çam a massa de se formar, adicione até 1 colher (sopa) de água gelada sobre elas.

Agora você fará o que os franceses chamam de *fraisage*: vai esticar pequenas porções de massa e depois vai juntar todas elas. Quando toda a massa tiver sido esticada, separe a quantidade que vai usar imediata-mente, modele-a num disco chato, embale em papel-manteiga e leve à geladeira por 30 minutos antes de abrir com o rolo. Congele o restante em quantos pedaços desejar, embalando cada disco em filme plástico.

Quiche para uma pessoa

Quiche para uma pessoa? Parece difícil, mas a verdade é que é muito fácil fazer uma quiche pequena se você tiver uma forma individual, com cerca de 10 cm de diâmetro, com fundo removível, e massa para torta no freezer. Fica uma delícia.

DO QUE VOCÊ PRECISA

- Cerca de 55 g de Massa para torta (receita anterior); se estiver congelada, retire pela manhã e deixe descongelar lentamente na geladeira
- 1 ovo grande
- ¼ a ⅓ xícara de creme de leite
- ¼ colher (chá) sal
- 1 pitada de noz-moscada ralada na hora
- Cerca de 1½ fatia de presunto picado, ou 2 fatias de bacon, frito e esmigalhado

Preaqueça o forno a 230° C. Se a massa estiver muito gelada, deixe-a aquecendo na cozinha até ficar maleável. Abra a massa sobre uma superfície levemente enfarinhada, formando um círculo de aproximadamente 23 cm de diâmetro, e coloque-a numa forma pequena para torta, pressionando bem as bordas e recortando o excesso. Fure o fundo, cubra a massa com papel-alumínio untado por baixo e encha a forma com feijões secos ou pequenas pedras para assar. Asse durante 10 minutos a 230° C, abaixe o fogo para 190° C, retire o papel-alumínio e os feijões, fure o fundo novamente e asse por mais 2 minutos.

Enquanto isso, quebre o ovo numa xícara medidora e adicione creme de leite suficiente para completar ½ xícara rasa. Adicione os condimentos e misture bem. Espalhe o presunto ou o bacon sobre o fundo da torta e adicione a mistura de ovo e creme de leite, o que vai encher a massa até a borda (se for demais, descarte um pouco ou adicione a ovos mexidos). Coloque numa assadeira forrada com tapete de silicone ou papel-alumínio e asse por 25 minutos. Tire do forno e deixe firmar por cerca de 5 minutos, se conseguir esperar tanto antes de devorar a quiche.

228   *O prazer de cozinhar só para você*

Variações

Quiches são ótimas para aproveitar sobras da geladeira. Você pode variar a receita simplesmente adicionando cerca de 1 colher (sopa) de queijo ralado — gruyère, cheddar ou gouda, ou um queijo montanhês francês — a seu gosto. Cogumelos refogados, aspargos, espinafre e abobrinha cozidos são bons recheios, bem como frutos do mar cozidos, linguiça e carnes apimentadas.

Torta de maçã individual

Não consigo deixar de fazer esta torta especial só para mim quando minha macieira em Vermont está repleta das maçãs mais saborosas que já provei. Nunca usei veneno nessa árvore, portanto as maçãs têm buracos com bichos, mas remo-vo os túneis escuros com a ponta de uma faca.

Se estiver usando uma porção congelada de sua própria massa para torta, lembre-se de deixá-la descongelar em temperatura ambiente. Se estiver fazendo uma receita nova, não deixe de fazer a mais para congelar.

DO QUE VOCÊ PRECISA

- 1 colher (sopa) cheia de geleia ácida (Eu uso minha Geleia de groselha caseira, p. 238)
- 1 maçã ácida
- Cerca de 80 g de Massa para torta (p. 226)
- Cerca de 2 colheres (chá) de açúcar

Abra a massa num círculo com cerca de 15 cm de diâmetro, e coloque-o numa assadeira. Para medir e cortar o círculo com precisão, coloque um prato com pouco menos de 15 cm de diâmetro sobre a massa, corte ao redor dele com uma faca afiada e remova o excesso de massa para obter um círculo bem-feito. Mergulhe um pincel na geleia e pincele o meio da massa, deixando uma borda de 0,5 cm sem pincelar. Corte a maçã em quatro, descasque e remova o miolo e corte-a em fatias finas. Arruma as fatias sobrepondo-as num círculo ao redor da massa, deixando uma borda de 0,5 cm, e depois arrume as fatias restante no centro. Polvilhe as fatias de maçã com 2 colheres (chá) de açúcar, usando mais ou menos de acordo com a acidez da fruta. Asse em forno preaquecido a 220° C por 10 minutos, depois abaixe para 190° C e asse por mais 20 minutos. Coma ainda quente.

Variações

Tortas de frutas individuais podem ser feitas da mesma maneira com ruibarbo e peras. Eu prefiro usar frutas silvestres, como morangos e framboesas cruas, então apenas pré-asso o círculo de massa pincelado, furando primeiro o fundo, durante 20 minutos a 220° C, depois, com a massa fria, arrumo as frutas silvestres por cima. As groselhas, no entanto, ficam melhores assadas com a torta e precisam de 3 vezes a quantidade de açúcar.

Crepes

Prefiro as panquecas francesas finas ao tipo americano, mais massudo, então sempre faço crepes para o café da manhã de domingo e tenho sobras suficientes para preparar uma panqueca enrolada salgada, usando sobras que precisam ser temperadas, ou uma versão doce com frutas. No café da manhã, passo iogurte no crepe aquecido — de preferência o grego, porque é mais firme —, coloco outro crepe por cima e mais iogurte e deixo a camada final sem nada para finalizar com xarope de bordo morno. Para completar, algumas frutas silvestres por cima.

Eu me lembro de como James Beard ensinava a fazer e assar crepes e panquecas na primeira aula que ministrava para iniciantes. Ele queria que os alunos vissem o que acontecia quando a massa — algumas com fermento em pó, como as panquecas americanas; algumas sem, como os crepes franceses — atingia a superfície quente da frigideira e assavam: uma crescendo perceptivelmente e a outra quase nada, mas ficando mais dourada e crocante. E ele andava por entre os alunos, incentivando-os a virar o crepe com os dedos para sentir a textura. Os mais tímidos, como dizia Julia Child, nem tentavam, mas os ousados gostavam de virar os crepes com os dedos, e estava claro que eram esses que realmente iriam gostar de cozinhar.

DO QUE VOCÊ PRECISA

PARA A MASSA

- ⅔ xícara de farinha de trigo
- ⅓ xícara de leite
- ⅓ xícara de água
- 1 ovo

- 1 colher (sopa) de manteiga derretida
- 1 pitada de sal
- Para fritar: um pouco de manteiga ou óleo vegetal

Coloque todos os ingredientes para a massa na batedeira ou no processador de alimentos e bata por pelo menos 1 minuto, ou bata à mão. Deixe descansar na geladeira por várias horas antes de usar, ou de um dia para o outro. Então, aqueça uma frigideira, de preferência antiaderente, de 15 ou 20 cm, dependendo do tamanho de panquecas que deseja, e pincele um pouco de manteiga ou óleo no fundo. Quando a frigideira estiver quente, mas não fumegando, coloque massa suficiente para cobrir o fundo, girando a frigideira para distribuir a massa numa camada fina e uniforme. Cozinhe em fogo médio-alto até que bolhas surjam na superfície e o fundo esteja levemente dourado, então vire o crepe. Pode fazer isso sacudindo a frigideira, mas isso requer prática, então não hesite em usar uma espátula — ou os dedos. Quando esse lado estiver levemente dourado, transfira o crepe para um prato aquecido e continue fazendo quantos crepes desejar, empilhando-os quando estiverem prontos.

Crocante de pera

As sobremesas crocantes sempre foram as favoritas da nossa família, e sinto falta delas. Mas descobri que é muito fácil fazer apenas uma porção numa caçarola pequena (eu uso uma tigelinha para sopa de cebola).

DO QUE VOCÊ PRECISA

- 1 pera firme e madura
- 2 colheres (chá) de açúcar

- 1 colher (sopa) de água
- Noz-moscada moída na hora

COBERTURA

- 1 colher (sopa) de manteiga
- 3½ colheres (sopa) de açúcar

- 3 colheres (sopa) de farinha de trigo

DECORAÇÃO

- Creme de leite

Descasque a pera, retire o miolo e corte-a em pedaços. Misture os pedaços com o açúcar na travessa pequena e pingue um pouco de água sobre eles. Rale um pouco de noz-moscada por cima. Faça a cobertura, cortando a manteiga em pedaços pequenos. Esfregue a manteiga, a farinha de trigo e o açúcar entre os dedos até formar uma farofa. Espalhe essa mistura sobre a pera e asse em forno preaquecido a 190° C por 40 minutos. Se a cobertura não estiver dourada a seu gosto, coloque a travessa sob o grill para dourar levemente. Coma morno, com um pouco de creme de leite ou iogurte cremoso.

Variações

Você pode, é claro, fazer este prato com maçãs, e também fica bom com ruibarbo. Em ambos os casos, vai precisar adicionar mais açúcar à fruta.

Maçã assada

Tente comprar maçãs firmes, suculentas e com sabor ácido.

DO QUE VOCÊ PRECISA

- 1 maçã ácida grande
- Um pouco de manteiga

- 1½ a 2 colheres (sopa) de xarope de bordo

232 *O prazer de cozinhar só para você*

- 1 colher (sopa) de geleia de groselha (p. 238)
- Um pouco de canela em pó
- Algumas nozes, ou nozes-pecã, picadas
- Creme de leite (opcional)

Remova o miolo da maçã a partir do talo e coloque-a numa travessa pequena. Coloque a geleia de groselha no orifício. Cubra com um pouco de manteiga e 1 pitada de canela. Derrame o xarope de bordo por cima e polvilhe 1 pitada de canela e as nozes picadas por cima de tudo. Asse em forno preaquecido a 180° C por 1 hora. Saboreie acompanhada de creme de leite gelado, caso aprecie.

Pudim de pão de maçã e xarope de bordo

Todo verão recebo minha parte do xarope dos meus bordos no norte de Vermont, que meu primo John colhe na primavera. Eu gosto particularmente do xarope escuro que ele produz, e invento maneiras de usá-lo em sobremesas tradicionais como esta. Também uso as maçãs ácidas de uma macieira ao lado de casa. Então, considero esta sobremesa um presente da natureza, e espero que você descubra uma boa fonte para os seus ingredientes.

DO QUE VOCÊ PRECISA

- 1 maçã ácida pequena
- 1 xícara de pão branco amanhecido, sem as cascas, em pedacinhos
- 2 colheres (chá) de açúcar
- 1½ colher (sopa) de manteiga derretida
- 2 colheres (sopa) de xarope de bordo
- ⅛ colher (chá) de canela em pó

DECORAÇÃO
- Creme de leite

Descasque a maçã, tire o miolo e corte-a em pedaços. Aqueça algumas colheres (sopa) de água numa panela pequena e adicione os pedaços de maçã. Abaixe o fogo, tampe e cozinhe, mexendo algumas vezes, por cerca de 5 minutos, ou até a maçã amolecer. Se necessário, cozinhe um pouco mais, adicionando mais água, se for preciso. Misture os pedaços de pão com a manteiga e o xarope de bordo, depois adicione a maçã cozida e misture. Transfira os ingredientes do pudim para uma travessa individual rasa com cerca de 10 cm de diâmetro. Misture o açúcar e a canela e polvilhe por cima. Asse em forno preaquecido a 190º C de 20 a 25 minutos, ou até borbulhar e dourar por cima. Sirva com creme de leite, se desejar.

Pudim de verão

Sempre me lembro dos verões da minha infância em Vermont como uma série de pudins feitos com framboesas, blueberries, amoras ou groselhas, que estavam na época. Esta sobremesa tradicional não poderia ser mais simples de preparar, e você pode fazer uma porção individual numa xícara pequena. Pode até fazer o Pudim de verão no inverno, se encontrar frutas silvestres importadas.

DO QUE VOCÊ PRECISA

- ¾ xícara de blueberries ou outras frutas silvestres (veja introdução)

  DECORAÇÃO
- Creme de leite

- 1 colher (sopa) ou mais de açúcar
- 2 fatias bem finas de pão de forma branco*

---

* Se não encontrar pão de forma com fatias bem finas, pode usar uma fatia normal e cortá-la ao meio horizontalmente com uma faca serrilhada — não é fácil, mas, se a fatia se partir, é só juntar os pedaços.

Coloque as blueberries e o açúcar numa panela pequena com ¼ xícara de água. Cozinhe em fogo baixo até amolecer, não mais que 5 minutos. Retire do fogo. Prove quando estiverem frias o bastante e adicione mais açúcar, se necessário.

Enquanto isso, retire as cascas do pão e forre um recipiente com capacidade para 1 xícara com 1 fatia de pão, pressionando-a com firmeza no fundo e nas laterais. Rasgue pedaços da segunda fatia para preencher as lacunas nas laterais. Adicione as frutas e seu suco ao recipiente forrado e dobre o pão das laterais por cima, depois preencha a área descoberta com o restante do pão. Pressione para que o pão absorva bem o suco, coloque um prato por cima e leve à geladeira por várias horas ou de um dia para o outro. Quando quiser comer o pudim, solte as laterais com uma faca e vire o recipiente sobre um prato. Ele deve se soltar facilmente. Saboreie com creme de leite levemente batido, se desejar.

Sorvete caseiro

Outra diversão do verão era fazer sorvete em casa, quebrando o grande bloco de gelo e revezando para girar a manivela — um trabalho árduo recompensado com a permissão para lamber a pá quando o sorvete ficava pronto. Hoje podemos comprar sorveteiras pequenas e convenientes, que permitem que a tigela fique no freezer, então não é preciso picar gelo e a massa congela bem mais rápido. Particularmente gosto de fazer sorvete em casa porque posso usar frutas maduras da estação e creme de leite puro, sem todos os doces e biscoitos que existem nas variedades industrializadas. E também é uma boa maneira de conservar frutas silvestres caso eu tenha colhido algumas numa plantação próxima — e sempre colho mais do que consigo consumir.

DO QUE VOCÊ PRECISA

- 1 xícara de morangos ou pêssegos (descascados e sem caroço) amassados, ou outra fruta
- 3 a 4 colheres (sopa) de açúcar
- ½ xícara de creme de leite
- ¼ xícara de leite integral

Coloque a tigela de sua sorveteira no freezer com 24 horas de antecedência (costumo deixar a minha lá o verão todo).

Misture as frutas amassadas com 3 colheres (sopa) de açúcar, depois prove e adicione mais, se desejar. Adicione o creme de leite e o leite, mis-

ture bem e coloque tudo na tigela gelada da sorveteira. Siga as instruções do fabricante para bater o sorvete.

Panna cotta com xarope de bordo

Vi esta sobremesa no cardápio de um restaurante italiano e, embora eu não a tenha pedido, gostei da ideia de usar um pouco do meu xarope de bordo para dar sabor a este cremoso e delicado pudim. Então, desenvolvi esta receita depois de várias experiências. Essa é outra vantagem de cozinhar algo para si mesmo: você é a cobaia e pode mexer na receita antes de prepará-la para convidados. Esta rende duas porções, então você pode compartilhar ou guardar um pouco para alguns dias depois.

DO QUE VOCÊ PRECISA

- ¼ xícara de açúcar de confeiteiro
- 2 colheres (sopa) de xarope de bordo e mais um pouco para decorar

- ½ xícara de leite
- 1 xícara de creme de leite
- ¾ colher (chá) de gelatina sem sabor

DECORAÇÃO
- Blueberries, amoras, framboesas, morangos, ou uma mistura (opcional)

Numa panela pequena, misture o açúcar, o xarope de bordo, o leite e o creme de leite e aqueça sem parar de mexer. Assim que começarem a surgir bolhas nas beiradas, tire a panela do fogo. Adicione e gelatina, mexendo vigorosamente, e continue mexendo por 3 ou 4 minutos. Deixe esfriar completamente, mexendo de vez em quando. Agora coloque o pudim frio em 2 recipientes de porcelana ou vidro, cubra com filme plástico e deixe na geladeira de um dia para o outro. Você pode desenformar a panna cotta e espalhar um pouco mais de xarope de bordo ao redor dela, enfeitando com frutas silvestres, se desejar. Ou pode saborear a panna cotta diretamente no recipiente.

Alimentando visitas inesperadas

Se você seguiu meu conselho e estocou produtos úteis no freezer, na geladeira e na despensa, vai saber o que fazer quando parentes ou amigos aparecerem sem avisar e ficarem para comer. Aqui estão algumas sugestões de pratos que pode preparar com facilidade:

- Uma sopa substanciosa. Pegue caldo no freezer, legumes saborosos na geladeira, adicione um pouco de arroz, macarrão ou grãos para engrossar e, em menos de meia hora, vai ter uma sopa pronta. Você também pode adicionar fatias de linguiça ou presunto, servir com croutons por cima e polvilhar com queijo ralado.
- Uma frittata feita numa frigideira que possa ir ao forno (conte 2 ovos por pessoa). Primeiro pique e refogue na manteiga ou azeite um pouco de cebola, batata, pimentão vermelho ou verde e qualquer outro legume firme e colorido, como aspargos, abobrinha ou funcho. Quando tiverem amolecido, adicione os ovos e qualquer carne cozida que desejar incluir e cozinhe lentamente, com a frigideira tampada, até os ovos ficarem firmes. Rale uma quantidade generosa de queijo por cima e leve a frigideira ao forno para que o queijo derreta. Siga as orientações na página 115 e apenas multiplique as quantidades de acordo com o número de pessoas.
- Omeletes individuais. Esta receita pode ser feita para 6 pessoas. Deixe os recheios prontos e quentes, veja ideias na página 114, e siga a técnica descrita ali. Gosto de quebrar os ovos numa xícara medidora com bico e derramar ½ xícara dos ovos batidos na panela para omeletes para fazer uma. Caso não tenha a xícara medidora, use uma tigela e pegue a quantidade certa usando uma medida de ½ xícara. Peça a alguém que leve cada omelete num prato aquecido até a mesa enquanto você prepara o próximo.

- Uma massa. Veja várias sugestões nas páginas 186-191.
- Um tian ou travessa rasa de arroz cozido e legumes com queijo ralado por cima. Veja na página 178.
- Uma strata feita com camadas de legumes, presunto ou sobras de carne, queijo e pão e assada. Veja na página 122.
- Uma salada substanciosa. Veja o que você tem na geladeira — ou na horta — e misture tudo. Pedaços de pão amanhecido embebidos no tempero dão textura à salada, bem como sobras cozidas de frango, peixe ou carne. Procure ideias na seção de saladas (pp. 155-65).
- Queijo e frutas são suas melhores opções para a sobremesa. Se não tiver frutas para todos, complemente com figos secos e castanhas. E é sempre uma boa ideia ter biscoitos em casa.

Geleia de groselha

Sei que nem todo mundo tem dois arbustos de groselhas no quintal, mas eu tenho, então passo uma longa tarde de verão fazendo geleia de groselha. Nunca tenho geleia suficiente (e costumo dobrar a receita a seguir), porque a uso em muitas coisas durante o inverno para me lembrar dos dias de verão, e meus amigos e parentes gostam tanto que sempre os presenteio com isso no Natal. Então vale a pena colher e limpar as groselhas e ficar observando ansiosamente a panela borbulhante. Eu sempre me sinto muito bem quando a geleia está finalmente dividida em potes.

As groselhas ainda devem estar verdes quando as colher (ou compre-as na feira). Se estiverem cor-de-rosa, estarão maduras demais e terão perdido o sabor ácido. A geleia fica misteriosamente rosa escuro enquanto cozinha, então o resultado final tem um belo colorido.

DO QUE VOCÊ PRECISA

- 250 g de groselhas
- 4 xícaras de açúcar
- ¾ xícara de água

Remova o talo marrom da groselha e a manchinha escura no lado oposto. Você pode usar uma faca afiada, ou o polegar. Lave as frutinhas e coloque-as numa panela grande com o açúcar e a água. Deixe ferver, abaixe o fogo e cozinhe por cerca de 15 minutos, mexendo sempre.

Comece a testar. Primeiro, pegue 1 colherada da geleia fervente e deixe o conteúdo cair de volta na panela. Se cair e se misturar imediatamente ao restante, está pronta. Sempre testo mais uma vez, colocando um pires na geladeira ou rapidamente no freezer e despejando uma pequena porção da geleia fervente sobre ele. Se ela não se espalhar e enrugar levemente ao ser tocada, significa que está pronta. Senão, continue cozinhando. É provável que faça vários testes antes de acertar e às vezes leva muito mais tempo do que pensa.

Enquanto isso, coloque água fervente em 4 potes com capacidade para 1 xícara. Quando a geleia estiver pronta, esvazie os potes e coloque a geleia fervente dentro deles até encher e depois lacre-os. Se a geleia es-

Lanches, doces e extravagâncias **239**

tiver rala demais quando abrir o primeiro pote, você pode ferver toda a geleia novamente e deixá-la cozinhando por mais 4 ou 5 minutos.

Limão-siciliano em conserva

Aprendi com Claudia Roden, que trouxe os segredos da culinária do Oriente Médio aos Estados Unidos nos anos 1960, a fazer esta preciosa conserva, que dá um toque especial a muitos pratos. Você pode até usar um pouco dela no lugar de limões-sicilianos frescos para realçar um prato.

DO QUE VOCÊ PRECISA

- 8 ou 9 limões-sicilianos
- 4 colheres (sopa) de sal (eu uso kosher)

Corte 4 limões-sicilianos em 4 no sentido do comprimento, sem cortar até o fim. Abra cada um deles e esfregue 1 colher (sopa) de sal nos gomos. Coloque os 4 limões salgados dentro de um pote pequeno, tampe bem e guarde em local fresco ou na geladeira. Depois de 3 dias, esprema pelo menos quatro dos limões restantes e coloque o suco dentro do pote. O líquido deve apenas cobrir os limões salgados. Se necessário, adicione o suco de mais 1 limão. Não use durante 1 mês. Esses limões em conserva duram indefinidamente na geladeira.

Para usar, corte a porção de limão de que precisa, remova a polpa e a descarte. Lave a casca para remover o sal.

Pimentão assado

Eu sempre uso pimentões vermelhos, mas atualmente eles estão tão grandes que costuma sobrar ¼ ou ½ pimentão. A solução é assá-los e guardá-los em azeite. Na verdade, eu gosto tanto dos meus pimentões assados que às vezes faço uma porção no fim de semana para usar na semana seguinte.

Se tiver fogão a gás, use este método da chama do fogão em vez de fazê-los no forno (senão, veja como assá-los na p. 152). Como ficam inteiramente queimados, desenvolvem um sabor defumado maravilhoso.

DO QUE VOCÊ PRECISA

- 1 pimentão vermelho grande e/ou pedaços que sobraram
- Azeite

Coloque uma grelha, se tiver, sobre uma boca do fogão a gás. Corte o pimentão no sentido do comprimento em 4 ou 5 pedaços, dependendo do tamanho, e remova a fibra e as sementes. Passe um pouco de azeite dos dois lados. Corte as pontas, onde o pimentão dobra, para que os pedaços fiquem retos. Ligue o fogo em médio-alto e coloque os pedaços sobre a grelha, com a pele para baixo. Se não tiver uma grelha, você pode equilibrar os pedaços sobre as grades da boca do fogão ou segurá-los com pinças ou com um garfo grande, bem sobre a chama. Deixe cozinhar por cerca de 4 minutos, até queimar por baixo, depois vire os pedaços com a pinça e grelhe do outro lado. De vez em quando, achate os pedaços com uma espátula para tentar expor todas as partes ao calor; 8 ou 10 minutos devem ser suficientes. Retire os pimentões e coloque-os rapidamente dentro de um saco de papel. Enrole o saco com firmeza, para manter o vapor lá dentro, e deixe descansar por pelo menos 5 minutos. Agora retire toda a pele queimada e corte os pimentões em tiras. Coloque-as em um pote pequeno e cubra-as com azeite. Tampe bem e guarde na geladeira.

EXTRAVAGÂNCIAS

Siris de casca mole

Siris de casca mole são alguns dos grandes luxos da primavera. Eles podem ser caros se tiver de servir muita gente. Mas, para uma só pessoa, por que não se dar ao luxo? Se os siris de casca mole tiverem um tamanho bom, eu como apenas 2, mas prefiro os pequenos e consigo devorar 3 deles facilmente, junto com algum legume. Costumo comprá-los de um peixeiro no fim do dia. Assim ele pode matá-los e limpá-los para que eu os prepare assim que chegar em casa.

DO QUE VOCÊ PRECISA

- 2 ou 3 siris de casca mole
- Cerca de ⅓ xícara de leite
- ½ xícara de farinha de trigo
- ⅓ xícara de panko e ⅓ xícara de farelo de pão, ou tudo de farelo de pão
- Sal e pimenta-do-reino moída na hora
- 1 pitada de pimenta ancho em pó (opcional)
- 2 colheres (sopa) de azeite
- ½ limão-siciliano
- 1 colher (sopa) ou mais de manteiga
- 1 punhado de salsinha fresca picada

Mergulhe os siris de casca mole no leite. Sobre um pedaço de papel-manteiga, misture a farinha de trigo, o panko e o farelo de pão e tempere com sal, pimenta-do-reino e pimenta ancho em pó, se tiver. Aqueça o azeite numa frigideira pesada na qual caibam os siris. Quando o azeite estiver bem quente, sacuda o excesso de leite e passe os siris na mistura de farelo de pão. Coloque-os na frigideira e frite de um lado, de 2 a 3 minutos, até dourar e ficar crocante, depois vire e doure do outro — cerca de 5 minutos ao todo. Transfira os siris para um prato aquecido e esprema suco de limão sobre eles. Limpe rapidamente a frigideira quente e derreta pelo menos 1 colher (sopa) de manteiga — ou mais, se quiser —, mexendo a frigideira até que a manteiga fique marrom. Espalhe a manteiga sobre os siris e polvilhe tudo com salsinha. Coma imediatamente.

Segunda rodada? Nada disso. Eu costumo lamber o prato.

Experiências com um peixe japonês

Quando cozinhar para si mesmo, acima de tudo, divirta-se. Se tiver vontade de experimentar algo novo, faça. Se o que fizer for decepcionante, só você ficará desapontado — e com certeza vai aprender algo durante o processo. Se o resultado for um manjar dos deuses, você pode se deleitar com essa nova iguaria, saboreando cada bocado sem distrações. E terá algo novo para servir a convidados.

Recentemente, almocei uma sopa de soba com Hiroko Shimbo, autora do livro *The Sushi Experience,* e depois fomos às compras no mercado Sunset, na Rua Stuyvesant, no East Village em Manhattan, para reabastaecer meu estoque de produtos japoneses. Além de comprar um pacote de *unagi kabawaki,* a deliciosa enguia assada que é excelente ter em casa para improvisar algo no estilo japonês, eu queria um peixe incomum para jantar naquela noite e pedi uma sugestão a Hiroko. Ela imediatamente pegou um pacote embalado à vácuo de *hamachi kama.* Era um pedaço de peixe de aparência estranha — apenas uma faixa de carne presa ao pescoço, com uma nadadeira saindo de um lado —, mas confiei nos instintos de Hiroko. Eu queria passar a tarde experimentando, e não poderia ter sido melhor recompensada.

O pedaço de peixe tinha cerca de 250 g, e Hiroko me disse para passar sal de ambos os lados e deixá-lo descansar por 20 minutos antes de lavar para remover o sal. Depois coloquei o peixe a menos de 5 cm abaixo do grill quente e grelhei por 4 minutos de cada lado. Só isso. Tudo que o hamachi kama precisava era um de pouco de suco de limão. A carne ficou deliciosamente suculenta, mais uma prova de que a melhor carne fica perto do osso, e foi divertido pegar o osso do pescoço e sugar a carne dos orifícios — uma das vantagens de comer sozinha. Para acompanhar, eu tinha Purê de nabo (ou raiz de aipo) e batatas (p. 143), que combinaram perfeitamente.

Vieiras refogadas

Na infância e em grande parte da minha vida adulta, fui alérgica a vieiras. Mas, aos poucos, a alergia foi passando. Isso pode acontecer, porque o nosso corpo muda. Então, tenho compensado esses meus anos de privação saboreando com frequência um prato cheio de vieiras cuidadosamente cozidas.

Eu me lembro de Julia Child enfatizando a importância de usar uma frigideira grande, para que as vieiras tivessem bastante espaço para dourar. E, como tinham de cozinhar em fogo alto, manteiga clarificada era essencial. Uma vez estávamos almoçando num elegante restaurante francês em Nova York, cujo nome não citarei, e Julia pediu vieiras. Após o primeiro bocado, ela baixou o garfo e declarou que o chef não havia usado manteiga clarificada. Enquanto deixava quase tudo de lado, enfatizou novamente a importância de usar manteiga clarificada ao dourar em fogo alto, embora ela mesma tenha admitido que a maioria não se daria ao trabalho e que não havia problema em usar em casa metade manteiga e metade óleo vegetal, evitando assim que a manteiga queime. Sempre fico de olho na panela quando preparo este prato, como se Julia ainda estivesse me observando.

DO QUE VOCÊ PRECISA

- 150 g de vieiras bem frescas*
- Farinha de trigo para empanar
- 2 colheres (chá) de manteiga
- Sal e pimenta-do-reino moída na hora

- 2 colheres (chá) de azeite
- 1 chalota grande picadinha
- Um pouco de vinho branco
- 1 punhado de salsinha fresca picada

* Uma maneira de averiguar o frescor é certificar-se de que as vieiras não estão numa poça de líquido. Além disso, se puder, cheire-as.

Passe as vieiras na farinha de trigo. Aqueça a manteiga e o azeite numa frigideira grande pesada em fogo alto e, quando estiver borbulhando, sacuda o excesso de farinha das vieiras e espalhe-as na frigideira quente. Mantenha o fogo alto e vire-as frequentemente, sacudindo a frigideira de vez em quando. O tempo total de cozimento não deve exceder 3 minutos — ou 4, no caso de vieiras bem grandes. Tempere com sal e pimenta-do-reino a gosto e transfira as vieiras para um prato aquecido. Baixe o fogo para médio e coloque a chalota na frigideira. Mexa durante 30 segundos, adicione o vinho e deixe reduzir levemente. Espalhe esse molho sobre as vieiras, raspando o fundo da frigideira com uma espátula. Polvilhe com salsinha.

Variação

Às vezes, enrolo uma fatia de presunto ao redor da circunferência de cada vieira e prendo com um palito. Elas podem ser assadas ou refogadas como descrito anteriormente. O presunto salgado e o sabor de mar das vieiras criam uma incrível combinação de sabores.

Arenque com molho de azedinha

Eu nunca havia cozinhado com azedinha até trabalhar com André Soltner em seu livro de receitas do Lutèce. Na época, ele era chef e proprietário do restaurante na Rua East Fiftieth em Manhattan, mas ele nunca esqueceu suas raízes na Alsácia. Ali, a azedinha verde é comum e seu sabor azedo realça uma série de pratos. Então não me surpreendi quando André criou um molho para o arenque, uma especialidade essencialmente americana, usando azedinha como ingrediente secreto. No entanto, não era fácil encontrar azedinha nos mercados naquela época, e André levava um grande maço de azedinha colhida em sua própria horta em Catskills para a cozinha do Lutèce para não desapontar seus fregueses fiéis.

Depois, quando meu marido e eu compramos uma casa de veraneio em Vermont, descobrirmos que a azedinha crescia em abundância na horta e nos bosques ao redor da casa. Até plantei uma variedade cultivável para nunca faltar e logo apelidei a azedinha, junto com as groselhas, de "limões do Norte".

E agora que o Lutèce não existe mais e eu não posso almoçar lá, celebro esta delícia da primavera fazendo o saboroso arenque com molho de azedinha do André.

Lanches, doces e extravagâncias **245**

DO QUE VOCÊ PRECISA

PARA O MOLHO

- 2 colheres (chá) de manteiga
- 1 xícara generosa de folhas de azedinha
- 1 pitada de açúcar
- Sal e pimenta-do-reino moída na hora
- ¼ xícara de creme de leite fresco

PARA O ARENQUE

- 2 colheres (chá) de manteiga
- 2 filés de arenque
- Um pouco de leite
- Farinha de trigo
- Sal e pimenta-do-reino moída na hora

Derreta a manteiga para o molho numa panela pequena. Adicione as folhas de azedinha e cozinhe em fogo médio, mexendo de vez em quando, até o líquido evaporar. A azedinha vai ficar amarronzada, mas não se incomode com isso. Tempere com sal e pimenta-do-reino e com 1 pequena pitada de açúcar. Adicione o creme de leite e cozinhe por cerca de 5 minutos, até engrossar. Mantenha aquecido.

Aqueça as 2 colheres (chá) de manteiga restantes numa frigideira pequena na qual caiba apenas os filés de arenque. Passe os filés no leite, depois na farinha de trigo, tempere com sal e pimenta-do-reino e coloque-os na frigideira. Frite por cerca de 5 minutos, virando 1 vez. Arrume-os num prato aquecido e espalhe o molho ao redor.

Ouriços do mar

Embora os ouriços-do-mar sejam abundantes nas águas do Atlântico Norte, os franceses são seus maiores apreciadores. Na França, os *oursins*, como são chamados, geralmente são incluídos em pratos de frutos do mar crus e aparecem de várias maneiras nas criações dos chefs famosos. Então, fiquei maravilhada quando vi esses moluscos espinhosos, do tamanho de uma embalagem de pó facial, embora mais gordinhos, à venda no balcão de peixes de um mercado gourmet próximo e imediatamente comprei uma dúzia. A verdade é que ficam melhores consumidos crus, assim que saem da concha. Então planejei fazer isso assim que chegasse em casa.

Para abrir o ouriço, usei a ponta de uma faca afiada, furando o orifício levemente macio no centro de um dos lados. Depois, peguei uma tesoura e cortei a volta toda, formando uma tampa redonda que eu pudesse remover. Com cuidado, deixei a água do mar escorrer e então avistei o coral rosado no fundo da concha. Enquanto eu pegava uma colher de chá e estava prestes a comer, vi a criatura começar a se mexer. Fiquei nervosa. Mas depois fiquei envergonhada. Eu como ostras e mariscos vivos e mergulho lagostas vivas em água fervente. E eu queria muito provar aqueles ouriços. Então meu apetite prevaleceu: com um prato cheio deles à minha frente, saboreei cada delicioso bocado.

Para quem se impressiona com mais facilidade, Lidia Bastianich usa ouriços do mar numa receita simples com espaguete. Você jamais pode aquecê-los: eles são apenas misturados ao espaguete que acabou de ser escorrido, e a combinação é perfeita.

Então experimente e prove coisas novas. Você só tem de agradar a si mesmo.

Ossobuco com gremolata

Tenho certeza de que todo cozinheiro que ama comida italiana tem uma receita especial de ossobuco. Mas não sei se alguém tem uma para servir uma pessoa só, pois não é tipicamente um prato individual. Mas é simples reduzi-lo. O fator essencial é a panela: você precisa de uma panela pesada com tampa com capacidade para 4 xícaras, para que o ossobuco caiba lá dentro e o nível do líquido fique quase acima da carne enquanto ela cozinha. Dessa forma, não precisa de muito líquido e o sabor se intensifica. Às vezes, faço este prato num domingo à tarde, ouvindo ópera italiana, e só a cantoria e o aroma do ossobuco cozinhando me deixam ansiosa pela refeição que está por vir.

DO QUE VOCÊ PRECISA

- 2 colheres (chá) de azeite
- Sal
- 1 chambão de vitela com 5 cm de espessura, com o osso
- 1 cebola média picada
- ½ cenoura descascada e picada
- 1 tomate médio picado
- ¼ xícara de vinho branco

- 1 alho poró pequeno, ou ½ grande, cortado em pedaços de 1,5 cm
- ½ xícara de caldo de galinha
- Pimenta-do-reino moída na hora
- 1 ramo de alecrim fresco, ou 1 pitada de seco
- 5 ou 6 talos de salsinha fresca

GREMOLATA

- Cerca de 2 tiras de casca de limão-siciliano (sem a parte branca) picadas (cerca de 1 colher de chá)

- 1 dente de alho pequeno descascado e amassado
- 1 colher (sopa) de salsinha fresca picada

Aqueça o azeite numa panela pequena. Passe sal em todo o chambão de vitela e coloque-o no azeite quente. Doure levemente de um lado, depois vire e doure do outro. Coloque o chambão de lado para abrir espaço para a cebola, a cenoura, o tomate e o alho-poró. Refogue por 1 ou 2 minutos, então deite o chambão e derrame o vinho por cima. Mexa para soltar as raspas do fundo e reduza o vinho pela metade. Adicione o caldo, tempere com várias pitadas de pimenta-do-reino, coloque os talos de alecrim e salsinha por cima e tampe. Deixe cozinhar em fogo baixo por 1 hora e 45 minutos.

Enquanto isso, prepare a gremolata — a saborosa cobertura à base de alho — simplesmente misturando o alho amassado, a casca de limão--siciliano e a salsinha.

Quando a carne estiver bem macia, transfira-a para um prato aquecido, descartando os talos de salsinha, e espalhe o quanto desejar de gremolata por cima. Coma com pão italiano para passar no molho. E não se esqueça do tutano. Use uma colherzinha de café para raspá-lo e extrair cada pedacinho.

Pequeno cassoulet

Pode parecer loucura até mesmo pensar em fazer um cassoulet para uma pessoa, embora seja grande o bastante para dividir com um amigo. Mas, se você tiver todos os ingredientes, a preparação não é difícil. Só precisa se organizar com antecedência. Então, quando fizer aquele Pequeno lombo de porco assado (p. 56), reserve 3 ou 4 pedacinhos da saborosa carne (eles podem ser congelados e rotulados "para um futuro cassoulet"). Depois planeje preparar Fatias de paleta de cordeiro assadas (p. 62), que sempre rendem mais do que consigo comer no mesmo dia, e use aquela fatia extra (que também pode ser congelada) junto com os sucos como a base de seu cassoulet. É possível encontrar boas linguiças de porco por aí. Mesmo que tenha de encomendar pelo correio, é um produto que vale a pena ter no freezer. Então pronto: comece a preparar o feijão na véspera e monte este prato num dia de inverno, preenchendo sua cozinha com seus aromas incríveis. Você não vai se arrepender.

Quando sugeri a Julia Child que incluísse uma receita deste excelente prato no livro Mastering the Art of French Cooking, não havia linguiças de alho frescas para comprar, então Julia concordou que seria melhor criar uma fórmula para fazê-las em casa. Vários dias depois, fui até Cambridge, Massachusetts, onde os Child moravam, para trabalhar no livro com ela e vi que uma das paredes da cozinha estava coberta com anotações sobre o trabalho que fizera para desenvolver uma

Lanches, doces e extravagâncias **249**

fórmula para a autêntica linguiça de alho para o cassoulet. A pesquisa a levou a consultar antigos livros franceses de charcutaria, e ela anotou todos os testes, que resultaram em sua receita. Fiquei admirada com a pesquisa meticulosa e perguntei se aquilo não seria demais para um cozinheiro amador, mas ela me garantiu: "De forma alguma", disse ela. "É tão fácil quanto preparar hambúrgueres."

DO QUE VOCÊ PRECISA

- ⅓ xícara de feijão-branco
- 2 colheres (chá) de gordura de ganso, se tiver, ou óleo vegetal
- 1 cebola pequena picada
- ½ cenoura picada
- ½ talo de salsão picado
- 1 dente de alho descascado e fatiado
- Um pouco de vinho tinto
- Vários ramos de salsinha com os talos
- 1 pitada de tomilho seco
- ⅓ folha de louro
- ¾ xícara caldo de pato, ganso ou galinha, ou mais se necessário

- Sal e pimenta-do-reino moída na hora
- 3 ou 4 pedaços de carne de porco das sobras do Pequeno lombo de porco assado (p. 56)
- 3 ou 4 pedaços Fatias de paleta de cordeiro assadas (p. 62) com legumes aromáticos
- 110 g de linguiça de alho em fatias grossas e levemente douradas
- ¼ xícara de farelo de pão misturado com um pouco de salsinha fresca picada
- Gordura de pato ou ganso ou manteiga para espalhar por cima

Coloque o feijão no molho rápido: Disponha numa panela pequena e cubra com 2 xícaras água. Deixe ferver e cozinhe em fogo alto por 2 minutos, depois apague o fogo, tampe e deixe descansar por 1 hora.

Quando essa hora de descanso estiver terminando, pegue outra panela pesada pequena, aqueça a gordura e refogue a cebola, a cenoura, o salsão e o alho até que os legumes amoleçam — cerca de 3 minutos. Adicione o vinho e deixe reduzir brevemente. Agora transfira o feijão e a água do cozimento para essa panela e adicione a salsinha, o tomilho e a folha de louro. Adicione caldo suficiente para que o nível de líquido fique 2,5 cm acima do feijão, deixe ferver e cozinhe em fogo baixo por

1 hora ou mais, com a panela semitampada, até que o feijão fique macio. Tempere com sal e várias pitadas de pimenta-do-reino. Remova a salsinha e a folha de louro e, numa travessa pequena, espalhe 1 camada de feijão, cubra com a carne de porco e cordeiro, então faça mais 1 camada de feijão e 1 camada de fatias de linguiça e uma última camada de feijão. Adicione o líquido do cozimento do feijão e caldo suficiente para chegar até a metade da travessa. Espalhe o farelo de pão por cima e depois pequenas porções de gordura. Asse em forno preaquecido a 180° C durante 1 hora.

Miúdos assados no marsala com cogumelos do mel

Eu adoro miúdos, mas eles estão se tornando cada vez mais difíceis de encontrar. Então, sempre que vejo um pacote no supermercado, compro e preparo para mim. Costumo variar os temperos, mas a técnica é a mesma. Se fizer todos os preparativos pela manhã, ou mesmo na véspera, a refoga final com os sabores complementares leva cerca de 15 minutos. E, quando come o primeiro bocado, a textura é tão macia e cremosa e eles absorvem e transformam tão bem o sabor dos temperos que você sente que ocorreu um pequeno milagre.

DO QUE VOCÊ PRECISA

- Cerca de 150 g de miúdos de vitela
- ½ limão-siciliano
- Sal
- Cerca de 2 colheres (sopa) de cogumelos do mel secos
- 1 colher (sopa) de manteiga
- 1 chalota picada
- Farinha de trigo para empanar
- Vinho marsala
- 2 colheres (chá) de glace de viande ou cerca de 3 colheres (sopa) de caldo de carne
- Pimenta-do-reino moída na hora

Na véspera ou na manhã do dia em que pretende cozinhar os miúdos, ou pelo menos várias horas antes, coloque-os numa panela pequena com

Lanches, doces e extravagâncias **251**

água suficiente para cobri-los em 5 cm. Esprema o suco do meio limão-siciliano na panela e adicione 1 boa pitada de sal. Deixe ferver, então abaixe o fogo e cozinhe por 15 minutos. Escorra os miúdos e mergulhe-os em água fria. Quando estiverem frios o bastante para ser manuseados, abra as pontas com cuidado, apenas para soltar parte dos ligamentos. Não vai conseguir soltar tudo, mas não se preocupe. Agora coloque os miúdos num prato pequeno e outro prato por cima, adicionando um peso sobre ele — um pote de geleia ou uma lata de molho. Leve à geladeira por 1 hora, ou de um dia para o outro.

Cerca de 20 minutos antes de cozinhar, deixe os cogumelos secos de molho em ¾ xícara de água morna.

Quando estiverem prontos, derreta a manteiga numa frigideira pequena e refogue a chalota até amolecer. Quebre os miúdos em cerca de seis pedaços e passe-os na farinha de trigo levemente salgada. Coloque-os na frigideira e refogue de 4 a 5 minutos, até dourar levemente. Adicione um pouco de marsala e deixe reduzir até quase evaporar. Escorra os cogumelos do mel, reservando a água do molho, e coloque-os na panela. Refogue tudo junto por mais 1 minuto antes de adicionar o líquido do molho dos cogumelos e o glace de viande ou caldo. Abaixe o fogo, tampe e deixe cozinhar por cerca de 10 minutos, verificando frequentemente se há molho suficiente e adicionando mais um pouco de água e/ou caldo, se necessário. Prove, corrija os temperos e adicione um pouco de pimenta-do-reino moída na hora.

Saboreie esta delícia com batatas cozidas e/ou ervilhas frescas ou ainda com outro legume da estação compatível.

Variações

É claro que você pode utilizar outros tipos de cogumelos, incluindo frescos, mas acho que usar pelo menos um pouco de cogumelos secos confere mais intensidade ao molho. E o vinho madeira fica tão bom quanto o marsala nesta receita.

Lagosta cozida no vapor

Decidi deixar a lagosta como a última receita deste livro para que eu pudesse preparar um jantar de lagosta para comemorar. A família do meu pai, em Montpelier, Vermont, adorava lagosta. Por não morar num estado litorâneo, ficavam ainda mais ávidos por degustar uma bela lagosta e frequentavam o restaurante The Lobster Pot sempre que havia algo a celebrar. Minha tia Marian, depois que ficou viúva, frequentemente jantava ali sozinha e foi ali que ela me ensinou o ritual de comer lagosta — sugando os caldos e pedacinhos de carne de cada pata e sempre guardando as grandes garras para o final, porque, para ela, contêm a carne mais saborosa.

Então, para preparar a minha, eu fui ao Citarella, em Manhattan, e pedi uma lagosta de 600 g. O peixeiro levantou uma para me mostrar como estava fresca, enquanto ela se contorcia e mexia as garras. Ele até me perguntou se eu queria macho ou fêmea, e é claro que eu disse fêmea, para poder saborear as ovas. Mas, quando cheguei em casa, havia apenas o fígado e nada de ovas. Consultei o livro The Way to Cook, de Julia Child, e percebi que devia ter dado uma olhada na parte debaixo da cauda: nos machos ela é "limpa e pontuda", já na fêmea é "repleta de pelos" — um teste nada fácil de realizar quando a criatura está se debatendo desesperadamente.

Sempre prefiro cozinhar no vapor a cozinhar em água, porque assim a lagosta não fica mergulhada na água e a pequena quantidade de água fervente se torna mais intensa. Então, peguei minha maior panela e coloquei um cesto de cozimento a vapor dentro dela.

DO QUE VOCÊ PRECISA

- 1 lagosta de 600 g viva
- 2 colheres (sopa) de manteiga
- ½ limão-siciliano

Coloque um cesto de cozimento a vapor numa panela bem grande. Adicione cerca de 2,5 cm de água e deixe ferver. Coloque a lagosta na panela sobre o cesto, tampe e segure a tampa durante os primeiros minutos de cozimento para manter a lagosta no lugar. Enquanto isso, derreta a manteiga lentamente numa panela pequena e esprema sobre ela a quantidade de suco de limão que desejar. Mantenha aquecida.

Após 10 minutos de cozimento, retire a lagosta usando pinças e deixe a água escorrer de volta na panela. Coloque-a num prato grande, com a manteiga derretida numa pequena xícara ao lado. Se não tiver os utensílios para comer lagosta, procure em sua caixa de ferramentas algo para quebrar as cascas, ou use um quebra-nozes. Eu uso uma tesoura de destrinchar frango para cortar no meio, da cabeça à cauda, assim posso abrir o corpo e chegar à carne. Mergulhe cada bocado na manteiga derretida e desfrute o sabor marinho adocicado. E não deixe de saborear o fígado, agora esverdeado e com textura cremosa.

Segunda rodada

Coloque as cascas da lagosta de volta no caldo e cozinhe por cerca de 15 minutos, adicionando um pouco mais de água. Agora você terá um belo caldo para usar em sopas de peixe ou como base de uma Bouillabaisse da Nova Inglaterra (p. 101).

Impressão e acabamento: YANGRAF